LÍRIOS COLHIDOS

LÍRIOS COLHIDOS

Luiz Sérgio

Psicografado por:
Irene Pacheco Machado

RECANTO

10ª edição
2006

Sérgio, Luiz (*Espírito*).
Lírios Colhidos/Luiz Sérgio ; psicografado por Irene Pacheco Machado. — 10 ed. — Brasília: Recanto, 2006.
160 p.: il.

ISBN 85-86475-17-3

1. Espiritismo. 2. Desencarnação.
I. Machado, Irene Pacheco. II. Título.

CDD 133.9

ISBN 85-86475-17-3

1ª edição: 1988
Esta edição: do 65º ao 70º milheiro
Este livro foi psicografado no ano de 1987, em Brasília, DF

Capa e ilustrações: Mauricio Maia Soutinho

SUMÁRIO

MENSAGEM AO LEITOR

Graças às preces de amor de todos vocês, minha família querida, aqui estou a iniciar outro livro. Considero todos os meus leitores um pedaço de mim, meus irmãos queridos, que muito me ajudam a evoluir. Sei que para muitas leitoras sou o filho amado e também as estimo muito e grato sou por tanto carinho a mim oferecido nesses quatorze anos de vida espiritual. A cada óbolo de trabalho que surge à minha frente, cerro os olhos e diviso um por um dos que vibram comigo em cada linha dos meus escritos e os abraço, reconhecido. Se hoje ocupo um lugar, simples é verdade, na literatura espírita, isso devo graças ao respeito e ao carinho não só dos espíritas, mas de muitos amigos de outras seitas que buscam os esclarecimentos da vida após vida.

Neste livro, procuro narrar vários casos de desencarne, principalmente de jovens que tive a oportunidade de socorrer, atendendo aos pedidos dos que ficaram. Mas, diante de tudo isso, espero que com a dor da separação valorizemos a vida de nossos entes queridos e aprendamos a respeitá-los ainda no corpo físico, mesmo quando não correspondam àquilo que deles esperamos. Consideramos a Terra um pântano e os encarnados os lírios cujos pés se firmam no lodo do pretérito e, mesmo assim, cuidados são pelo jardineiro de Deus — Jesus.

Muitos lutam para alcançar o sol dos esclarecimentos cristãos, outros preferem buscar na própria terra os seus valores, sem encontrar tempo para o crescimento da alma. Quando esses lírios são colhidos, sofrem com a podação, porque preferem continuar prisioneiros de si mesmos a caminhar em direção a Deus, onde os nossos perispíritos, mais livres, serão observados sem os trajes das condições sociais usados na trajetória física. Nós, os espíritos desencarnados, somos os lírios colhidos pelas mãos de Deus, não para enfeitar um vaso de flores em um lar, mas sofremos a poda para adquirir a beleza divina. E essa beleza todos nós podemos conquistar lutando pela melhoria dos nossos espíritos.

A poda é necessária e quem lhes fala sentiu-a na carne quando junto a outros companheiros viajava tranqüilamente. Isso se deu no dia 12 de fevereiro de 1973. Sofri muito e mais ainda sofreram meus pais. Hoje, graças à Doutrina Espírita, eu e eles sabemos que as plantas sofrem a poda para ficarem mais belas e sadias. E me recordo de *Jó*, Cap. 14, versículo 14:

Nesta guerra em que me encontro, todos os dias de minha vida, estou esperando que chegue a minha mutação.

Lírios Colhidos é um livro simples, porém muito útil para aqueles que já viveram o doloroso adeus na "estação da morte". Nada de novo contarei, mas levarei até você, leitor amigo, minhas experiências junto a muitos lírios colhidos, não importando de que maneira, todavia revelando que a cada um foi dispensado um tratamento repleto de amor e respeito.

Se você já sofreu a separação de um ente querido, vai encontrar nestas páginas alguma coisa que o fará amar a Deus sobre todas as coisas e ao próximo como a si mesmo.

Que *Lírios Colhidos* possa perfumar suas mãos ao manuseá-lo, mas muito mais ainda os corações repletos de saudades.

Luiz Sérgio

Capítulo I

RENATA, LÍRIO COLHIDO POR DEUS

Nossa casa preenche as nossas necessidades e as daqueles a quem prestamos auxílio. É um pequeno chalé de onde vemos montes, rios, belas florestas e cuidamos do pequeno jardim. Sempre recebemos amigos e, como na terra, contentes ficamos em conversar sobre vários assuntos.

Naquela manhã, encontrava-me ocupado, estudando, quando alguém se fez anunciar, e com alegria reencontrei o amigo Saturnino. Informou-me que eu havia sido convidado para mais uma tarefa, precisando comparecer ao Departamento do Trabalho. Avisei Josefa, querida tia que mora comigo, e me dirigi ao Departamento que me convocara. Enquanto caminhávamos, fiz várias perguntas ao meu amigo Saturnino e ele gentilmente não as deixou sem respostas. Uma delas: de onde vinha a melodia que ouvíamos? Ele respondeu:

— De um lugar fora do círculo — e nada mais falou.

Ao apresentar-me, fui informado do meu trabalho e feliz fiquei em conhecer os novos companheiros: Edouard e Deleuze, de quem logo gostei muito. Eram jovens e me pareceram muito capazes. Retiramo-nos. Pensei em dar uma passada por minha casa, porém Saturnino ao se despedir alertou-nos sobre a necessidade de iniciarmos imediatamente os trabalhos. E foi ele quem nos apresentou os demais companheiros do grupo: Patrice, Joana e um jovem muito alegre — Aécio.

Deleuze nos guiou até uma Colônia bem estranha para mim, toda circundada de montes. A cidade era composta de uma única e imensa casa à qual darei o nome de Casa da Esperança. Ao cruzar a porta, sentimos forte vibração — ela nos pareceu possuir vida. Fomos informados de que a esse estranho lugar chegavam as tristezas, as brigas, o desespero e os pedidos de socorro. Entramos em uma sala muito ampla, rodeada de computadores. Deleuze retirou dali uma anotação onde vários pedidos a mim eram endereçados. Fiquei encabulado, mas logo foi esclarecido que naquela cidade eram registradas as rogativas dos encarnados; ali se reunia uma plêiade de espíritos que emitia vibrações de amor aos necessitados.

— Vimos só conhecer a Colônia? perguntei.

— Não, respondeu Edouard. Devemos prestar assistência nos locais dos chamados.

Edouard dirigiu-se ao setor vinte e seis e lá recebeu uma ficha. Descemos à terra para atender ao apelo de uma família que se encontrava desesperada. Assim, chegamos a um hospital para ver uma criança. Seus pais, aflitos, fitavam o corpo físico da garotinha, que lutava para prender a alma. Edouard aproximou-se do pai tentando acalmá-lo, pois ele era o protótipo da tristeza. Deleuze examinou a garota, que apresentava infecção generalizada, mas olhando o Raio X do seu perispírito percebemos que ela não tinha condição de permanecer na terra. Presenciamos os encarregados realizarem o desligamento, começando pelo chacra básico, os demais foram apagando-se um a um até afrouxarem o nó que interliga todos os corpos. Chorei junto à família e quando fixei o corpo físico da garotinha, fiquei feliz, porque ela já bem longe dele se encontrava. Partimos para o Hospital de Maria, chamado Caminho Divino, onde a menina continuaria o tratamento. Abracei-a; ela permanecia semidesperta. Já me encontrava na porta, porém retornei ao notar que a pequena ainda quedava-se ligada pela mente ao seu corpo físico. E por mais que Joana e Patrice fizessem ela assistia aos choros e ao seu sepultamento. Interferi:

— Não podem adormecê-la?

— Não. Os pais possuem muita autoridade sobre os filhos e eles agora a chamam e a desejam junto deles.

— Mas é demais para essa criança!...

— Sabemos, mas nada podemos fazer além do que já fizemos.

Voltei e abracei Renata, que esboçou um sorriso, mas também sentia saudade, e saudade é uma dor tão grande que não nos permite o raciocínio.

— O que será de Renata? Quanto tempo ficará aqui, Edouard?

— Muito pouco, logo reencarnará.

— Quê? E por que desencarnou?

— Simplesmente para embelezar seu corpo perispiritual. Morrendo e nascendo sofremos uma plástica divina e Renata precisou da plástica para livrar-se de algumas deformações.

— Posso olhar a ficha médica da garota? Preciso saber qual o órgão afetado.

Deleuze olhou-me assustado, sem entender o meu pedido, mas Edouard mostrou-me o filme do desencarne: a falta de ar, a infecção se alastrando, o desespero do espírito, sua libertação, a saudade do lar, dos pais, enfim, dores que eram transformadas em bênçãos para aquele corpinho tão frágil. Atentamente, busquei o corpo físico de Renata e este, bastante debilitado, apresentava o aparelho respiratório deficiente. Dificilmente chegaria à idade adulta. O perispírito ainda conservava algumas marcas, mas logo os médicos divinos completariam o trabalho e Renata, que teria de reencarnar, faria a viagem de volta. Fiquei analisando os dois corpos: o físico e o perispiritual, e dei graças a Deus por sermos eternos. Quando saí, meus amigos me esperavam sem aparentar qualquer ansiedade, eu, sim, fiquei meio sem jeito. Deleuze cumprimentou-me pelo interesse demonstrado e aí fui adiante:

— Amigo, este pedido se encontrava registrado no Departamento?

— Sim. Os pais, desesperados, registraram toda a dor e tristeza no painel do Caminho Divino.

— Coitados!... falei.

— Coitados, não — respondeu Edouard — feliz do homem que tem humildade para pedir, eles tiveram oportunidade de testar a fé e Deus lhes dará o bálsamo da compreensão e de novas alegrias.

Este pedido, que se encontrava registrado no Departamento da Dor, foi o primeiro por nós atendido.

— Existe só aquela cidade? perguntei.

— Não. Existem várias e de todas elas partem emissários da paz.

Por isso o título deste livro é *Lírios Colhidos*. Hoje Renata foi um lírio colhido, cujo perfume ficou com seus pais na lembrança das horas em que ela os encantou com seu sorriso de criança. A saudade é dolorida, mas a vida continua e ninguém pode entregar-se à dor, que sempre é passageira. Ela passa, todavia permanecemos caminhando e jamais sozinhos, porque Jesus prometeu ficar ao nosso lado e cumpre com Sua palavra. Ele orvalha os nossos lábios com a água da prece, prece esta que vara a sensação do nada e chega até o coração de Deus, Pai extremoso que, atento, busca consolar Seus filhos dando-lhes a certeza de que toda dor é efêmera. O homem não foi criado para sofrer nem a dor é criação divina. Foi ele mesmo quem buscou a dor conquanto abusou demais da liberdade oferecida por Deus.

Meus companheiros me viram pensativo e Patrice acercou-se de mim, dizendo:

— Lírio colhido por Deus, embelezado pelas lágrimas de tantos olhos que o amam.

— Obrigado, irmã, sou um homem feliz. Onde chego encontro amigos e espero que o nosso aprendizado seja propício ao crescimento de todos nós.

Capítulo II

O ADEUS NA ESTAÇÃO DA MORTE

Dirigimo-nos à Colônia onde Renata receberia os primeiros socorros. Com que amor as enfermeiras divinas tentavam preencher a lacuna dos pais! Renata chorava, abraçada à sua boneca, olhando ao redor, mas logo adormeceu. Aproximei-me de Rosália, uma das encarregadas da Colônia, e ela me informou do reencarne próximo de Renata, porém desta vez como homem.

— Como homem, por quê?

— Renata precisava antes ser esperada com amor e criada com carinho. Seus pais sonhavam com uma menina e se chegasse homem eles poderiam, sem sentir, rejeitá-la. O espírito da irmãzinha precisa de muito afeto. Esses anos que passou na terra foram benéficos não só para sua cura física como espiritual. O amor faz milagres!

— E agora, ela voltará como homem?

— Sim, um garoto lindo e portador de muito magnetismo. Breve estará fortificado para levar uma vida normal, regada com as águas do Evangelho.

Ainda olhei Renata e alisei sua cabecinha, esperando estar ao seu lado no momento em que tiver de voltar. Despedi-me de Rosália e nossa irmã das rosas, sorrindo, cantou esta canção de ninar para adormecer Renata:

Dorme criança,
Dorme neném,
Que o bicho
Aqui não vem...

Patrice consultou outra ficha de pedido de socorro e me falou:

— Da Colônia das Acácias está partindo um pedido de socorro.

— De uma Colônia?

— Sim.

Nada mais indaguei. Era um trabalho que eu estava realizando nas férias e já me sentia a gostar dele.

Chegamos à Colônia muito florida e com plantas crescendo em profusão nos bem cuidados canteiros. As flores eram tão belas quanto as da terra, de cores lindíssimas, e espargiam sua força energética, beneficiando a tudo e a todos. Parei para apreciá-las, porém os meus amigos já iam longe quando os alcancei. Somente reparei os prédios, que pareciam de mármore. À frente de um deles, Sandra nos recebeu:

— Alonso espera por vocês.

"Quem seria Alonso?" — pensei. Mas logo nos detivemos ante um senhor simpático que nos colocou à vontade. Urgia que nos dirigíssemos à enfermaria, pois alguém solicitava auxílio. Conversamos um pouco com Alonso, depois nos encaminhamos para lá, onde uma senhora ainda jovem fingia dormir. Aproximando-me, indaguei:

— Como está passando, Scheilla?

Ela abriu os olhos.

— Muito mal. Não quero ficar aqui, tenho marido e filhos na terra e vou ficar ao lado deles para ajudá-los,

Deleuze falou:

— Está bem. Vista-se e vamos. Iremos levá-la até sua casa.

— Verdade? Nem posso acreditar — disse, muito alegre.

— Baixinho, — falei ao amigo — você enlouqueceu? Ela vai aborrecer os seus familiares. Isso é o que vai fazer.

Scheilla, sorrindo, foi despedir-se de Alonso e se juntou ao nosso grupo, que mais uma vez descia à crosta. Ao chegarmos à casa de Scheilla, o seu jovem marido lanchava com uma bonita garota. Observei Scheilla, que tentava abraçá-lo. Logo entraram as filhas, duas mocinhas mascando chicletes, olhos vermelhos, aparência desleixada. A mãe, em desespero, procurava abraçar os familiares, e estes, sentindo sua presença, iniciaram uma conversa sobre ela. Uma das filhas falou:

— Hoje, só penso na mamãe, ela tem de me ajudar a passar no vestibular. A vela acesa é para ela. Sim, prometi à mamãe dez pacotes de velas.

— Deixa a velha em paz — retrucou a outra.

Scheilla não gostou do linguajar da filha. Olhou para mim e exclamou, desconcertada:

— Velha, eu?!...

Abracei-a, dizendo:

— Scheilla, vamos voltar para a Colônia. O encarnado tem a vida dele e nós a nossa.

— Sérgio, eu preciso fazer minha filha passar no vestibular.

— Você tem curso superior?

— Não, só estudei até a quarta série do primeiro grau.

— E quer ajudar sua filha a fazer prova?

— Como espírito desencarnado eu não posso saber tudo?

— Não. Você, minha amiga, em vez de ajudar vai é atrapalhar.

— Mas eu preciso!...

Não podia continuar o diálogo, pois ali éramos apenas expectadores. O marido de Scheilla, segurando a mão da namorada, falou:

— Foi a falecida quem escolheu você para mim, por isso nos damos tão bem.

Scheilla retirou-se da sala chorando. Ainda fiquei com Deleuze, indo até o quarto onde as velas queimavam diante de uma fotografia de Scheilla. Quando saímos, a nossa irmã pediu para visitar alguns amigos e, quando deles se aproximou, ouviu comentários maldosos sobre as suas filhas. Desiludida, pediu-nos que a levássemos de volta, o que Edouard fez com prazer.

Iríamos ainda até um local onde vários irmãos haviam desencarnado por acidente. Lá chegando, presenciamos um quadro doloroso. Fiquei sabendo, então, que Deleuze era médico, pois ele, de imediato, integrou-se à equipe de socorro. Nós fazíamos a nossa parte: carregar feridos, ajudar os encarnados a encontrar e tirar das ferragens os doentes ou os já "mortos". Enquanto prestávamos auxílio, defrontamo-nos com a dureza do homem, saqueando feridos e cadáveres. Uma cena muito triste. Aproximei-me de uma criança chamada Sueli, abracei-me a ela e com carinho conduzi-a até o posto médico da espiritualidade. Apesar de já pertencer à nossa esfera, ainda sentia as dores do mundo físico. Tentei consolá-la, mas sua casa mental plasmara a hora terrível do acidente. E ali, diante da dor, senti a grandeza de todos os que trabalham pela alegria de se fazer útil aos outros. Enquanto alguns encarnados saqueavam sem respeito um irmão, nós lutávamos para consolar os que sofriam. Ficamos muitas horas no local e com curiosidade cheguei até um irmão que estava tendo os corpos desligados, mas que, mesmo assim, padecia das dores do corpo físico. O duplo mantinha-se ainda muito ligado ao físico, como se estivesse lutando para não se desfazer. Um dos encarregados espirituais apenas impôs a mão e os chacras coronário e cardíaco deixaram de rodar. Intrigado, indaguei:

— Como pode isso acontecer? O espírito, não é ele quem comanda a matéria?

— Sim, mas a matéria física não perde de imediato a energia. O reservatório energético do duplo ainda mantém, por algum tempo, o corpo físico sensível. Mas logo tudo termina e o espírito ganha a eternidade, levando consigo lembranças, saudades e remorsos.

Aqueles corpos, ali estirados, fizeram-me pensar que o homem encarnado, muitas vezes, joga fora os seus minutos de paz, brigando por nada, reclamando da vida, impacientando-se em família. Se ele estudasse as verdades espirituais encontraria o remédio para o dia-a-dia. O mal do homem é que ele, de tão orgulhoso que é, não concebe que a dor do vizinho pode ser sua amanhã. Ele foge da realidade da "morte", julgando que na sua família ninguém vai desencarnar. E assim, distante da verdade, vive o homem moderno atrás dos bens temporais, deixando passar os momentos felizes.

Instantes depois, corri para socorrer um jovem de quinze anos que sofria entre as ferragens. Olhei o seu cordão prateado, ele ia, devagarinho, se desamarrando e o corpo físico morrendo pouco a pouco. O corpo parecia uma casa apagando as suas luzes. Ao se completar o desligamento, o espírito do jovem não sabia o que fazer. Fitava, atônito, seu corpo mutilado e aí começou a gritar estridentemente. Edouard aproximou-se, aplicou-lhe passes, mas o jovem sentiu pavor ao nos ver.

— Por que ele nos teme tanto? perguntei a Deleuze.

— É perturbação somente.

— Não sei, não, acho que aqui tem coisa.

O médico parou um pouco o atendimento e aquiesceu, dizendo:

— Tem razão. Não esqueça que estamos vestidos de maneira diferente, dada a nossa condição de socorristas da espiritualidade. E o garoto nos julga de outro planeta.

Dei uma gostosa gargalhada; nós estávamos vestidos de calça e blusão cinza-chumbo, à semelhança das roupas chinesas. Apalpei-me, sorrindo. Marciano, eu, hem?

Mas um encarnado ainda se debatia. Deleuze, aproximando-se, aplicou-lhe passes e prestou socorro. Fitando o perispírito do doente, percebi, mais uma vez, que este corpo plástico é igualzinho ao corpo físico. E prestei muita atenção nos fios intermediários. Não só o cordão prateado é importante. Os outros fios, que mantêm os corpos unidos, são também muito importantes, embora comandados pelo cordão-rei: é este a fechadura do intercâmbio corpo-espírito. Pude notar também que cada caso é um caso, cada um de nós se separa de seus corpos de maneira diferente. Perguntei aos médicos e ainda foi Deleuze quem me respondeu:

— Uma a uma, vão as partes enfraquecidas do corpo físico diminuindo sua freqüência no chacra correspondente ao funcionamento do órgão. Vou tentar explicar melhor: um doente cardíaco tem enfraquecidos todos os fios de ligação ao chacra do mesmo nome; como as válvulas cardíacas estão obstruídas, as dos chacras também, igualmente as dos centros de força e, assim, todas as auras doentes.

Ainda perguntei:

— O tratamento espiritual se dá nos centros de força, por isso o passe é salutar, não é?

— Um corpo debilitado necessita receber fluidos energéticos de outro que esteja bem.

Em minha cabeça surgiam vários pontos de interrogação.

— E se o passista não estiver bem? Hoje poucas pessoas se encontram equilibradas.

— O dirigente de uma Casa Espírita precisa estar atento aos grupos de passe. É necessário que não só se auto-eduquem, como saibam isolar sua vida cotidiana da ação que irão exercer ao entrarem em uma sala de passe. Se o passista atravessa momentos difíceis, os seus corpos se encontram em desajuste e, nesse estado, torna-se difícil os seus canais doadores ficarem aptos ao trabalho de doar energia. Porém, mesmo que o doador não esteja bem, se se propuser a realizar um trabalho, conscientizar-se de sua tarefa, poderá oferecer energias salutares, porque o seu amigo espiritual irá fortalecer a sua aura espiritual e ela ajustará os seus corpos.

Olhando os corpos físicos corroídos pelo acidente, busquei a luz divina, que é o espírito, e percebi que o homem estuda, trabalha e luta, mas se distancia do estudo sobre a morte. Quando ela chega, sem preparo, ele se apega à matéria inerte — o corpo físico — lutando para não o deixar. Mas o espírito é divino e, mesmo sem compreensão, é socorrido por mãos amigas.

Deleuze nos reuniu. Havíamos terminado nossa tarefa e iríamos agora à capela onde estava sendo velado o corpo de um dos acidentados.

— É preciso? perguntei.

— Sim, é preciso — respondeu Edouard.

Quando chegamos, a esposa do desencarnado chorava baixinho. O ambiente era de tristeza. No início estavam presentes apenas alguns familiares e amigos, mas logo o recinto foi ficando repleto e aí começou a dor do espírito que, mesmo distante e já socorrido, ouvia os comentários da sua vida: "coitada da viúva! Ele viajava com a amante e tem um filho com ela, que é da idade de uma das suas filhas. E depois, também o filho dele não presta, já deu até desfalque..."

Entristeci-me. Como pode alguém comparecer a um velório e não respeitar a dor dos outros? Poucos ali oravam, as conversas iam desde as novelas até a maledicência. As anedotas? de arrepiar ...

— Isso se dá sempre? — perguntei a um dos encarregados da segurança das capelas mortuárias.

— Infelizmente, meu jovem. O encarnado não está educado para visitar esta estação. Ele julga que não vai precisar dela um dia e quando vem trazer o seu adeus a um parente ou conhecido o faz, muitas vezes, por obrigação social;

por isso esses tristes fatos que você está presenciando. Quanto mais concorrido o enterro, mais triste é o comportamento dos homens.

Olhei o painel e vi o irmão desencarnado. Apesar de já desligado o corpo físico, pelo rompimento do cordão de prata, continuava unido a ele pela atração magnética. O corpo físico operava como um aparelho elétrico, emitindo energia magnética até o recém-desencarnado.

Aproximei-me do corpo velado e constatei que, mesmo sem o perispírito, que se encontrava resguardado em um hospital da espiritualidade, o corpo físico e o duplo ainda se mantinham ligados a ele. Voltei-me para o encarregado da capela:

— Como devemos nos portar diante de um corpo?

— Com a dignidade de um ser educado. O certo seria colocar músicas suaves e harmoniosas, evitando a conversação, principalmente falar sobre o modo pelo qual o irmão desencarnou. Ao invés de conversas vazias, cada um deveria fazer uma prece de despedida.

Sacudi a cabeça e completei:

— As músicas suaves possuem grande poder energético. Não se deve fumar no ambiente, nem relatar fatos desagradáveis da vida do desencarnado. Devemos, quando formos despedir-nos de alguém, não só lhe demonstrar nossa amizade porém, ainda mais, respeitar a vida que ele deixa para trás.

Deleuze e os outros amigos prestavam auxílio aos familiares que sofriam. Fui esperá-los no portão, porquanto o comportamento dos encarnados não era muito digno. Orei baixinho:

Deus, nosso Pai de amor e bondade, sábias são as Tuas leis. O homem sofre por desrespeitá-las. Senhor, enviaste Jesus à terra, não só para que o Mestre ensinasse aos alunos repetentes, que somos todos nós, a bondade, o amor e a cari-

dade, porém ainda mais para que Ele nos fizesse compreender que o túmulo é a porta da verdadeira vida e, ao passarmos por ela, sabermos dar valor à coragem de Jesus em nos mostrar que Tu, Senhor, não matas. Jesus é o Mestre porque não traiu as Tuas leis e tão bem ensinou aos homens o valor do nascer e do morrer. Quando ressurgiu dos mortos, Jesus quis nos consolar, porque todos teríamos de buscar o túmulo para a vida. E ainda, Senhor, colocaste Maria para completar a vida de Jesus. Na outra porta da estação, Ele foi o exemplo da dignidade e da fé. Oh, Pai! Agradecidos por tantos ensinamentos, nós, os teus filhos, pedimos-Te perdão por ainda não asssimilá-los. Ajuda-nos a viver dentro das Tuas leis, porque só elas nos revelam a salvação. Assim seja.

Capítulo III

DUPLO ETÉRICO, GUARDA DO CORPO FÍSICO

Deleuze, Edouard e eu caminhávamos calados de volta à nossa Colônia, quando encontramos os caravaneiros de Maria que estavam saindo para assistir alguns acidentados. Para lá também nos dirigimos e constatamos que vários irmãos se debatiam ao lado de seus corpos, mesmo já tendo sido desligado o cordão da vida física. Os enfermeiros colocavam os doentes nas macas e a equipe de Maria cuidava do corpo físico, pois nele concentravam-se ainda as energias vindas do espírito, as quais, apesar do desligamento dos corpos, continuavam presentes não só no duplo como no corpo físico. A equipe retirava essas energias do corpo físico concentrando-as no duplo, porque na hora do desligamento elas sobrecarregam o corpo físico. Os fluidos magnéticos que mantêm os corpos alinhados na luta pela sobrevivência correm para os reservatórios energéticos do corpo físico e este, que com a separação do espírito não sobrevive, vai morrendo pouco a pouco.

Daí existirem equipes que dispersam os fluidos, ou melhor, concentram-nos no duplo e depois esperam que este os elimine paulatinamente, num processo de dispersão disciplinado, para que não haja perda nem violência. Isso acontece quando a legião das trevas tende a apropriar-se desses fluidos, que considera benéficos para seus espíritos ainda apegados à matéria.

Um daqueles corpos físicos me pareceu mais vivo, apesar de morto como organismo, porque as moléculas lutavam para permanecerem juntas. O duplo etérico pode ser chamado de guarda do corpo físico, pois mesmo já tendo sofrido o desligamento deste, permanece sobre ele como um cão fiel. E os encarregados deste trabalho colhem a energia do corpo que na hora da "morte" reage rapidamente para se concentrar no corpo físico.

Algo me chamou a atenção: alguns acidentados só tinham o duplo como companheiro, mas em outros o corpo perispiritual se encontrava ainda ligado ao duplo e ao corpo físico, mesmo este já considerado morto.

— Poucos são os que têm os corpos desligados com apenas um só toque no cordão de prata, há desencarnes que levam horas, dias e até semanas nesse processo — explicou o dr. Roberto a uma indagação minha. Ele fazia parte da equipe socorrista.

— E sentem todo o drama do corpo em decomposição?

— Sim, mas graças a Deus são minoria. O mais freqüente é o perispírito se desligar do duplo etérico e este se alojar no corpo físico para ambos se decomporem.

Os enfermeiros de Jesus continuavam retirando as energias de alguns daqueles corpos.

— É possível uma falange de trevosos fazer esse trabalho para outros fins? perguntei ao médico.

— Sim, é possível. Certas falanges aproveitam os fluidos vitais para saciarem os seus desejos, outros para realizarem trabalhos de feitiçaria.

— Sempre existiu essa equipe de socorro?

— Sempre, mas nem a todos ela consegue socorrer. Existe muito encarnado que luta para não deixar o corpo físico e junto a ele sofre demais.

— Não é muito fácil desencarnar...

Doutor Roberto sorriu.

— Para os avaros e orgulhosos não é mesmo. Quando o

homem é espiritualizado, ele mesmo ajuda as equipes de socorro. Ao iniciar-se o processo do seu desencarne ele, conhecedor dos seus corpos, vai-se desligando pouco a pouco de cada um deles. E se sente livre como um pássaro, porque se vê em espírito.

— Mas quem consegue chegar a esse estágio?

— Muitos, Luiz, muitos.

Olhei o meu corpo e pensei: "Deus, quando ofertou a inteligência ao homem, só desejou que ela fosse desenvolvida para o bem, mas o homem pervertido a adormece pelas carícias da matéria".

Contente, porque todos ali haviam sido socorridos, vi que a equipe resplandencia de luz por mais uma tarefa cumprida. Despedimo-nos, não sem antes indagar:

— Doutor, aqui presenciei o desencarne, como faço para assistir a uma encarnação?

— Procure o respectivo Departamento; lá você terá belas lições de amor ao próximo.

Saímos dali desejando abraçar Deus, dizer a Ele como somos felizes em possuir um grande Pai. Íamos voltar para casa, mas um jovem da nossa equipe, Edouard, manifestou o desejo de ajuda ao seu irmão Ernesto, que ultimamente vivia embriagado, e logo estávamos nós em um barzinho, onde Ernesto, cercado de amigos, conversava animadamente. Pensava eu: "o que poderemos fazer aqui?" Um dos nossos aproximou-se do grupo e ficou em silêncio, emitindo vibração, mas de imediato voltou, dizendo a Edouard que Ernesto precisava de um tratamento desobsessivo. Percebi que nos mais bêbados os corpos se encontram bem desnivelados e afastados. Nos espaços entre os corpos uma névoa escura tomava conta dos fios fluídicos, dificultando o trabalho da troca energética entre os corpos. Falei a Deleuze:

— Por isso ficam cambaleantes. É que os corpos se desequilibram, porque se afastam uns dos outros por demais, não é mesmo?

Deleuze sorriu, dizendo:

— O homem de vida equilibrada, de moral elevada, sem vícios e com alimentação adequada possui os fios fluídicos perfeitos e esses condutores de vida mantêm os corpos nivelados, o que não se dá com quem toma droga ou ingere bebidas alcoólicas. Até mesmo um simples barbitúrico sobrecarrega o cérebro, que é ponte de ligação com os centros de força do perispírito, sede do espírito. Portanto, a sobrecarga de uma energia negativa leva o espírito a se descontrolar e ele, uma vez descontrolado, não consegue emitir energia positiva para manter alinhados os corpos. Sem comando, não existe veículo. É o mesmo que um automóvel ser digirido por uma pessoa incapaz. O bêbado ou drogado está muitas vezes distante da consciência e dos seus corpos.

Ernesto era presa de mentes perturbadas e seu duplo e seu perispírito pareciam um sino, batendo de um lado para outro. Edouard tinha os olhos repletos de lágrimas. Abracei-o, dizendo:

— Nós vamos ajudá-lo, espere e verá. Deus não desampara nenhum de Seus filhos.

Disse ele:

— Meus pais têm muita culpa. Quando éramos pequenos, o comum em nossa casa eram as festas. A bebida corria farta e muitos dos convidados nos ofereciam pequenos goles. Eu sempre relutei em beber mas ele, mesmo criança, embriagou-se muitas vezes.

O que mais me feriu o coração ao olhar aquele corpo físico cambaleante foi presenciar os trevosos pendurados no duplo e no perispírito, sugando a bebida atráves das rodas da vida. O baço daquele irmão parecia um copo por onde eles se fartavam das bebidas alcoólicas. O bar repleto, risos, piadas e palavrões, era um reduto de espíritos menos esclarecidos. Vários mensageiros estavam ali para socorrer os espíritos desencarnados que, completamente alcoolizados, saíam do bar carregados por eles. Baixei a cabeça e fui saindo na frente dos outros. “Meu Deus, até quando o homem vai ignorar a vida após vida? Até quando o homem vai destruir os seus próprios sonhos? Até quando o homem vai recusar-se a amar a Deus?" pensei.

Respondeu-me Edouard:

— Até o dia que cansar de sofrer.

Abracei-o e ganhamos as esferas da erraticidade, cuja brisa refrescante dava-nos boa noite. No céu, as estrelas eram tão brilhantes que ofuscavam a Lua. A nossa casa nos abrigou e me senti o homem mais feliz da Terra, pois, enquanto muitos vagueiam ainda no plano físico, apesar de desencarnados, eu possuo um lar que me acolhe e me protege; isso tudo agradeço a você, leitor, que com seus gestos de caridade acende a luz da verdade no altar da minha consciência. Conhecendo o meu dever para com a Doutrina Espírita, vejo-me na obrigação de jamais fraquejar no meio desse caminho, onde as dores de alguns irmãos são chagas de provação em minha vida. Peguei o violão e cantei baixinho esta canção:

Vento que sopra lá fora
Que sopra lá fora
Vento vai embora
Vento vai embora.
E leva notícias minhas
Notícias minhas
Diz que sou feliz.
Na minha nova vida
Tanta coisa fiz.
Diz também
Que não sintam
Saudades minhas
Sou feliz,
Sou feliz.

Capítulo IV

GRAVIDEZ

Ao passarmos de um plano para outro, divisamos perfeitamente as duas atmosferas. Há sempre um abalo na corrente dos nossos pensamentos ao voltarmos ao plano espiritual, onde ele é mais veloz. Portanto, feliz do espírito que compreende que o plano físico não é mais sua morada. Um grande erro dos familiares é desejar aprisionar seus entes queridos no laço do inconformismo. É o mesmo que colocar pássaros em gaiolas, tirando-lhes a liberdade.

Cantando, acompanhado do meu violão, senti-me tão filho de Deus que o meu amor por Ele cresceu em agradecimento. Mas novas tarefas me esperavam. Juntei-me aos outros companheiros, buscando a terra. Na Casa Espírita, participamos da prece aos suicidas. Uma irmã, chamada Gertrudes, acercou-se de nós pedindo socorro para sua neta, pois não se sentia em condição de ajudá-la, visto só ter um ano de desencarne.

Partimos em auxílio a Margareth, mas chegamos tarde, ela já se atirara do quarto andar. Deparamo-nos com um quadro desolador: o espírito da jovem se debatia ligado ao corpo e, junto a este, outro espírito, o da criança que ela esperava. Margareth tinha quinze anos. Naquele momento, lamentei: “até quando meninas, julgando-se emancipadas, terão forças para enfrentar sozinhas as situações criadas por elas mesmas? As mulheres se dizem em igualdade com os homens, mas raras possuem forças para criar um filho sem auxílio de terceiros. Ainda assim, acreditam que estão se igualando ao homem. As famílias precisam orientar, urgentemente, seus jovens, não só contra as drogas mas muito mais elucidando-os para o perigo do sexo sem controle."

Testemunhávamos o desespero de Margareth e do espírito que ela levava no ventre. Entramos em sua casa. Os pais, desorientados e com remorsos, não aceitaram a realidade, porquanto a vergonha fora maior do que o amor à filha. Margareth, que desejou ser livre, porém dependente ainda da família, não se sentiu com forças para lutar. Por quê? Simplesmente porque ninguém é livre se não é dono de si mesmo. Se desejamos a liberdade, devemos lutar por ela, estudando e trabalhando.

Deleuze prestou ajuda à garota e ao bebê. O quadro era triste demais e eu me fui retirando.

— Sérgio, este é um problema social que se agrava a cada dia. A juventude está morrendo — falou o doutor Paulo, outro médico da equipe.

— Doutor, e a criança?

— Será levada para a maternidade espiritual, mas Margareth sofrerá por muito tempo.

— Como se deu a gestação?

— Ao constatar que estava grávida, Margareth ficou em desespero.

— E o espírito da criança sofreu toda essa apreensão?

— Se esse espírito já possuía compreensão, cooperou com o ato reencarnatório, se não, foi levado através do sono magnético a encontrar-se com o espírito da mãe. Sabemos nós que a formação do feto é realizada pelos benfeitores e pela mente materna. A mãe, mesmo inconsciente, é leal guardiã do filho. Na gestação, a mente materna transmite ao espírito as suas sensações. Esse espírito que estamos vendo ser desligado da mãe suicida participou de toda a angústia de Margareth.

— Quando socorríamos alguns irmãos no desencarne, assisti à separação dos corpos e presenciei o desligamento do perispírito do duplo e do corpo físico. Na ocasião relatei aos leitores e gostaria que me falasse agora como se faz a união dos corpos.

— Sérgio, o Departamento da Reencarnação possui equipes capacitadas para trazer ao plano físico os espíritos necessitados de reencarnar. Portanto, é enorme o trabalho do Departamento reencarnacionista. A partir do momento em que a mulher inicia suas atividades sexuais, ela é levada ao Departamento para escolher os filhos, durante o sono.

— Todas as mulheres?

— Sim, as que ao reencarnarem assumem a missão de mãe. Não existe injustiça desde que a mulher aceite a sua condição de fêmea. Ela, que é considerada o canal da vida física, tem por obrigação receber os espíritos que precisam voltar. Em livro anterior[1], o irmão já falou que a mulher é uma nave protetora, para onde Deus, confiante, encaminha aqueles que muito necessitam da bênção da reencarnação. A gestação é um grito de amor a Deus; só Ele é capaz de tanta bondade.

— Perdoe-me uma pergunta um tanto ignorante: em qualquer relação sexual estão presentes os encarregados da fecundação?

— Presentes não, pois sabemos que um espírito esclarecido respeita a intimidade do encarnado, mas nos órgãos reprodutores femininos encontra-se uma espécie de aparelho que dá o sinal quando ativado e esse mesmo aparelho separa os espermatozóides para a fecundação. Todo esse processo se dá sozinho, sem a participação de espíritos; é a máquina física que trabalha. No momento em que os dois ele-

1. *Chama Eterna*, décimo-primeiro livro da série Luiz Sérgio, Capítulo 20.

mentos geradores se fundem é que entram os encarregados do Departamento e fazem a ligação luminosa.

— Perdoe-me, mas então do corpo da mulher parte o aviso de que ela está apta a fecundar?

— Isso mesmo, por isso é que se comenta: "fulana se descuidou".

— Algumas mulheres dizem que com elas não existe o livre arbítrio. Talvez porque o Departamento viva atento, não é mesmo?

— Todos nós temos uma tarefa a ser cumprida. Quantos trabalham sem gostar, mas é preciso! Assim são todas as mulheres. Elas não estão na terra apenas de passagem. Assim como os homens, elas estão em trabalho e os operários de Deus devem obedecer aos Seus Mandamentos.

— Amigo, pode responder a mais uma pergunta?

— Sim, com todo o prazer.

— Até as mulheres chamadas de "vida fácil" são veículos divinos?

— Sim, Deus não discrimina Seus filhos. Se os seus órgãos estiverem livres, nada os impedirá à fecundação.

— E os cuidados da mulher: pílulas, tabelas etc.?

— Já lhe falei, o próprio órgão dá o aviso; se a mulher bloqueia a passagem dos espermatozóides, os encarregados do Departamento não são chamados e lá não comparecem. Nos dias não férteis as energias uterinas são fracas e não acendem a luz do chamado. Mas diga aos seus leitores que nessa nova era, com muitos espíritos para reencarnar, o Departamento está muito atento — falou sorrindo.

Ainda perguntei:

— Doutor Paulo, já tendo sido fecundado o óvulo, como se faz a ligação do espírito?

— Quando se fundem os dois elementos — feminino e masculino — o óvulo recebe a luz da vida — o espírito. Logo em seguida, o perispírito. Devemos recordar-nos de que o perispírito é a veste do espírito e nós, quando na espiritualidade, temos o corpo perispiritual que vai ficando diminuto para unir-se ao conjunto, partindo daí a busca das energias vitais dos elementos, as energias vindas do corpo materno e também as captadas pelo genésico. São assimilados elementos magnéticos da espirituralidade e da natureza, tudo isso para moldar o novo corpo físico, que em outra encarnação foi decomposto com o desencarne. As células orgânicas recebem estímulos do espírito e dos centros de força do perispírito; principalmente do coronário parte a ajuda ao corpo que se forma e junto a este cresce a sua duplicata, condutor e condensador das energias entre o perispírito e o corpo físico, o chamado duplo etérico. Eles são tão amigos que só se separam após o desencarne. O duplo é cicerone para o corpo físico. Quando partimos, ele se desfaz e as suas energias vão compor outros corpos.

— Paulo, sou-lhe grato, espero um dia receber mais elucidações para crescimento do meu espírito.

— Um abraço, Sérgio, e que Deus nos abençoe.

Olhei ainda estendida no pátio do edifício a menina Margareth. Imaginei o seu desespero ao se ver abandonada pelo homem que julgou amá-la. Os pais devem inteirar-se dos acontecimentos, não se concebe estarem ainda alheios à realidade. Eles precisam amparar os filhos que, por sua vez, necessitam sentir-se amados. Não é justo jogarmos na rua da amargura uma filha só porque ela não se vestiu de branco. Se abandonada, mais precisará do nosso amor e do nosso respeito. Os filhos não são nossos, mas a responsabilidade com eles, sim.

Mães, orientem suas filhas para o perigo que hoje correm. A liberdade não é a do corpo e sim a do espírito; e ninguém é feliz quando seu espírito está doente de fraqueza. Se a mulher se valorizasse, não sofreria tanto, pena é que esteja esquecendo-se de si mesma.

Capítulo V

FÉ: ÚNICO REMÉDIO CONTRA A DOR

Todos os lírios deveriam ser colhidos perfeitos, mas existem muitos deles que se mutilam atráves do suicídio. Aquela garota que um dia sonhou demais não reservou forças para enfrentar as duras realidades da vida. Os pais precisam oferecer aos filhos o único remédio contra a dor: a fé. Sem ela o homem se vê perdido ao se defrontar com as adversidades. A fé é luz que guia o espírito, mesmo quando ele se encontra cego pelo desespero. Devem oferecer à criança, desde pequena, a certeza da vida eterna. Só assim ela não terá pressa de viver. O que vem acontecendo é que homens e mulheres, desejando aproveitar o hoje, jogam fora os anos seguintes. Quantas jovens iniciam a vida sexual com treze anos, e aos vinte e cinco muitas já se encontram doentes sexualmente pelos abusos praticados.

Pensando nessas garotas, visitamos um hospital, onde uma jovem com dezoito anos ia retirar parte do útero. Perguntei ao doutor Jerônimo:

— Não existe um modo de evitar essa operação?

— Infelizmente, não. Essa menina já praticou três abortos, fez várias cauterizações e abusou de inúmeros preservativos de gravidez sem controle médico.

— Doutor, esta garota, sentindo-se mutilada, não ficará traumatizada sexualmente?

— Sérgio, a frigidez feminina bem como a impotência são resultantes, muitas vezes, de excessos sexuais.

Carmem, a jovem visitada, era assistida por vários médicos espirituais e recebia energia nos centros de força do perispírito para fortalecê-lo. Encontrava-se muito triste. Só com o tratamento espiritual seu espírito se sentiu mais calmo.

Quanta dor no leito de um hospital! Quem se julga infeliz deveria visitar os doentes para dar mais valor à saúde e ir aos presídios para dar a devida importância à liberdade. Viver na "fossa" é ser egoísta. O homem que crê não foge da vida, enfrenta-a e sempre procura bem vivê-la.

Ía saindo dali, quando percebi que Carmem vinha lendo meu livro, "Na Esperança de Uma Nova Vida". Sorri, pensando: "Deus queira que ela encontre Jesus atráves da Doutrina dos espíritos!"

Edouard convidou-nos a visitar um rapaz que precisava de ajuda. Chegamos ao seu lar às sete horas da manhã. Ele se levantou e, ao invés do café, foi até o carrinho de bebidas e tomou uma dose de conhaque. Assim, em poucos minutos, José já havia ingerido quatro doses de bebida. Nós o observamos e percebemos que sua família ainda não o considerava um alcoólatra.

— Como consegue beber tanto? perguntei a Deleuze.

— Olhe só o seu figado! respondeu-me.

Vimos que José logo sentiria os primeiros sintomas da cirrose. O álcool não permitia ao órgão um funcionamento normal.

— Quantos anos tem José?

— Vinte e um.

— Os pais não percebem isso?

— É comum nessa casa a ingestão de álcool todos os dias. O pai sempre toma um aperitivo.

— José vai desencarnar?

— Se não fizer tratamento, logo virá para a espiritualidade, e o que é pior, na condição de suicida.

Reparando o nosso amigo, notamos o desnível dos seus corpos. Quando o álcool entrava no sistema circulatório, a aura espiritual diminuía a freqüência da transmissão energética ao espírito, que não irradiava ao perispírito. Como o perispírito não possui luz própria, também se viu enfraquecido, ou melhor, diminuiu o intercâmbio entre os corpos. O duplo sofreu um afastamento tanto do físico como do perispírito e José se viu meio tonto, sensação de leveza, mas bem consciente. Somente seus corpos sofriam com a separação, pois desde que se opera a encarnação eles precisam um do outro, são amigos inseparáveis. Qualquer violação no sistema nervoso eles se separam; e um milímetro de distância é nocivo ao seu equilíbrio. Um vidente, ao olhar uma pessoa bêbada, nota os corpos assim:

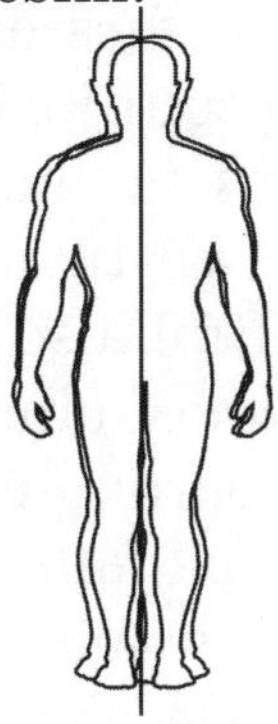

quando eles normalmente vivem assim:

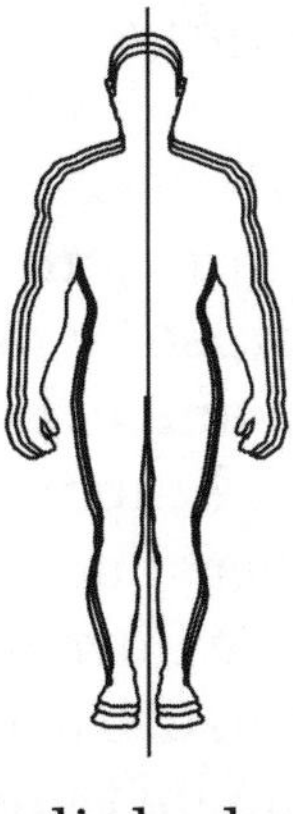

bem alinhados.

— E se José continuar "bebendo socialmente"?

— Pois é socialmente que ele ingere álcool todos os dias, não concedendo, ao organismo, tempo de se limpar. José se suicida até mesmo quando ingere uma gota de álcool. Se continuar bebendo, assim como está, logo o visitaremos no vale dos suicidas.

Ao sairmos, José já estava com outro copo de bebida na mão. Fiquei penalizado ao constatar o quanto estavam sofrendo os corpos do nosso amigo. O álcool desequilibrava a linha magnética que os mantinha unidos.

Portanto, você, que está lendo este livro, cuidado com a euforia de querer se sentir fora do ar por alguns momentos. Isso poderá tirar-lhe o equilíbrio para sempre.

Quando expulsos fomos do "paraíso" pela nossa própria consciência, foi preciso nos vestirmos de uma folha de parreira. Este simbolismo da Bíblia se confirma hoje pela Doutrina Espírita. Quando caímos, olhamos em nós a imperfeição e sentimos vergonha, porque ela é muito feia, e então buscamos nos cobrir com uma folha de parreira, o emblema do trabalho do Criador que depois embelezaria o "Livro dos Espíritos"(Prolegômenos). Se observarmos o desenho dos espíritos, vamos encontrar a cepa, o licor e o bago — "O corpo é a cepa; o espírito, o licor; a alma ou o espírito ligado à materia é o bago."

Basta procurarmos Deus para compreendermos Sua bondade. Não foi Ele quem expulsou o homem, este é que não se sentiu bem no "paraiso" e de lá saiu por reconhecer os seus erros. Mas, bondosamente, Deus vestiu o homem e lhe deu oportunidade de se limpar.

No dia em que o ser pecador de hoje desgastar as suas vestes materiais, buscará de novo o "paraíso" e o seu espírito estará em paz, pois se sentirá livre da vergonha. Deus nos ofereceu os corpos como instrumentos de trabalho e danificá-los é desconhecer a própria vida. Se violarmos as leis divinas, sujando os nossos corpos, teremos de morrer e renascer para fortificá-los. Preste atenção, fortificá-los, não limpá-los. A cada desencarne se dá o fortalecimento.

Vamos comparar nossos corpos a um carro que necessita de revisão, as peças se desgastam e peças novas as substituem. Chegará um dia em que não mais necessitaremos dos nossos corpos, pois teremos as asas da liberdade. Até lá, vamos trocar de veste física pelo gasto natural determinado por Deus, e não porque a destruímos através do tóxico, do álcool ou por ações más. Iremos até o Departamento da Reencarnação buscar roupa nova para cumprir nossas tarefas. Caso contrário, voltaremos com a nossa antiga, remendada ou mutilada, porque não temos crédito para nova confecção. Dizem alguns espíritos que dos fluidos bons é que podemos embelezar-nos, e a beleza do espírito se dá pela reforma íntima. O homem que considera um copo de bebida ou outro vício mais importante do que o seu equilíbrio e sua moral longe está de Deus e terá de pagar por renegar as Suas verdades.

— Luiz Sérgio — falou-me Deleuze — a Bíblia é rica de verdades, o homem é que tem dificuldade em assimilar os seus ensinamentos.

Olhei o meu corpo perispiritual e disse:

— Bendita folha de parreira que me permite trabalhar para minha melhoria, corpo divino que preciso embelezar através do crescimento espiritual. Perispírito, folha bendita que cobre, mas não oculta, as minhas deformações. Sou grato ao Arquiteto da vida que tão bem compreende as necessidades dos Seus filhos.

Naquele momento, o amor por Deus foi tão intenso que brilhou diante de mim uma luz e pude divisar uma ala do Departamento da Reencarnação, onde os espíritos que estão partindo para a terra em missão comandam os seus corpos sem precisarem adormecer a consciência. Eles não esquecem quem são; comandam os corpos já na condição fetal, sem estarem a eles ligados. A ligação só se dará na hora do reencarne. Meus olhos me dificultaram contemplar os espíritos de tal hierarquia, pois as lágrimas eram por demais abundantes.

Capítulo VI

ÁLCOOL: BENGALA DO FRACO

Cheguei atrasado. Desculpei-me com Aécio e Patrice, que já me esperavam no jardim de Maria. Os amigos, delicadamente, disseram que ainda não estava na hora de sairmos. Tenho conhecimento de que um bom tarefeiro chega ao trabalho com quinze minutos de antecedência e só faltavam cinco minutos. Apresentava-me afobado, porque me preocupei por chegar atrasado.

Aécio mostrou-me a meta a ser atingida; havíamos sido chamados a um hospital, onde um homem já idoso esperava desencarnar e a esposa em desespero chorava, pedindo a Deus que não os separasse. O irmão sofria de cirrose e pudemos notar que a causa havia sido excesso de bebida. A esposa aflita orava e quando o fazia o corpo do irmão recebia luzes curadoras. Assistíamos ao tratamento dos corpos físico, perispiritual e duplo etérico. As luzes ajudariam aquele espírito a cumprir mais um tempo no corpo físico.

O duplo, reprodução do corpo físico, está a ele justaposto. O corpo físico também o alimenta, além da energia recebida do perispírito. Quando o espírito está equilibrado, o duplo se apresenta com uma tonalidade azul, tornando-se acinzentada se em desequilíbrio. Ele é o filtro da transmissão e captação de energia entre o corpo e o perispírito. O duplo do nosso irmão recebeu tratamento e, à medida em que se ia energizando, mais aproximava-se do corpo físico e do perispírito. Como sabemos, o perispírito é a veste do espírito, não se desfazendo com a morte. Os médicos espirituais controlavam a corrente sangüínea, detendo-a na artéria hepática. Ao terminar, o nosso amigo apresentava-se sorridente, os seus corpos haviam voltado às condições normais de um encarnado. Percebi por que quando estamos doentes ficamos enfraquecidos e muitas vezes tristes. É que os nossos corpos desalinham-se, daí o desequilíbrio. O perispírito fica ora junto ao duplo, ora bem distante dele, oscilando sem posição certa.

— O irmão é suicida? perguntei.

— Sim, mesmo inconscientemente lesou o seu corpo físico através da bebida.

— Mas, se ele está com uma boa reserva de fluidos vitais como fica a situação?

— Nós não podemos gastá-los, só ele poderá fazê-lo. A doença às vezes se arrasta por anos a fio, com grande sofrimento para o homem. Por isso, devemos gastar nossos fluidos vitais no trabalho, é mais digno.

Antes de sairmos dali, os amigos aplicaram luz azul na aura, na coluna, em torno da cabeça do doente e em todo o corpo, então adormeceu. Quantas vezes a causa da doença, a bebida, levou a esposa quase ao desespero!

Admiro-me ao ver ditos espíritas ingerindo bebida alcoólica, dizendo só beber socialmente. O espírita que conhece os males que causam a carne, o álcool, o fumo, o tóxico, jamais incorre em tal delito. Um dia, uma irmã querida nos falou: "O cristão espírita deve dar bons exemplos e ninguém admira quem tem a mão ocupada com copo de bebida, quando pode tê-la no socorro ao próximo". Imaginei que se aquele irmão não tivesse estragado a saúde hoje seria um homem sadio. Será que valeu a pena?

— Ele chora muito. É o remorso que o ataca de vez em

quando, falou Aécio. Atualmente, Luiz Sérgio, presenciamos vários garotos ingerindo bebida alcoólica e os pais nada fazendo para evitar, porque para eles é normal viver bêbado.

Um dia desses fomos chamados para socorrer um menino de doze anos que se encontrava completamente alcoolizado. O garoto, ao ser inquirido, falou:

— Por que eu não posso beber, se o meu pai bebe?

A mãe silenciou, mas o Olavo[2] recomenda a todas as mães que se defrontam com caso semelhante que não se calem e digam ao filho que o seu pai, na sua idade, estudava e trabalhava, não encontrando tempo para as bebidas. Se hoje ele o faz, erradamente, é verdade, é com o seu próprio dinheiro. O vício é a "bengala do fraco", ainda mais triste é alimentar os vícios com o dinheiro alheio. Os garotos ditos liberados não percebem que ainda são fedelhos grudados às calças do papai, porque não possuem a dignidade de estudar e trabalhar para o próprio sustento. A propaganda e os meios de comunicação também levam os garotos a julgarem que, para se sentirem homens, precisam usar drogas ou ficar bêbados. Patrice falou:

— Sabemos que lojas de etiquetas famosas vendem objetos para enrolar maconha na mais completa liberdade, enquanto levam guris, julgando-se na moda, a iniciarem o vício através de tais etiquetas. Sabe, Sérgio, não dá para entender onde andam esses pais que não procuram inteirar-se do que se passa em volta das suas crianças.

— Crescem a cada dia os dependentes de bebidas alcoólicas — comentou Aécio. As crianças nem precisam comprá-las, pois as adegas dos pais dão perfeitamente para sustentar seus vícios. Há dias fomos a uma casa onde a adega mais parecia uma loja de bebidas.

2. Olavo — Personagem encontrado no livro "Consciência"— 10º da série.

— E alguém bebia na casa?

— Acho que somente os cachorros é que não, porque até os empregados eram consumidores de álcool.

— Não me diga, Luiz, é verdade? perguntou Patrice.

— O alcoolismo está tão intenso no Brasil que ninguém pode imaginar. É doloroso que ditos grandes homens vivam alcoolizados, quando bem sabemos que um cérebro movido a álcool pouca capacidade possui.

— É difícil, não é mesmo, Luiz, largar a bebida?

— Todos os vícios são como parasitas. Chegam para se colar na gente, mas se o espírito desejar, ele é ele, ser pensante, chama eterna, luz bendita da vida; portanto, como pode ser prisioneiro de algo que não possui inteligência? O álcool é o álcool, a droga é a droga. O homem, entretanto, tem um espírito, que está vestido do perispírito, e ainda possui outro corpo, chamado duplo etérico, além do corpo físico. Neste último corpo existe um cérebro que pesa cerca de mil e duzentos gramas e é formado de dois hemisférios: direito e esquerdo, e cada hemisfério é dividido em quatro lóbulos: frontal, parietal, temporal e occipital. Nele está a sede das atividades intelectuais e sensoriais. Portanto, sendo o homem um ser inteligente, não pode deixar-se dominar pelo vício. A bebida, a droga ou a comida não possuem força. Entretanto o homem a possui desde que busque essa força em si próprio, no seu interior. Dessa forma, tornar-se-á um deus e vencerá as coisas perecíveis. Está nas nossas mãos fortalecermos os nossos espíritos.

Capítulo VII

DEIXEMOS QUE OS MORTOS ENTERREM SEUS MORTOS

A terra é um canteiro florido onde Deus, por bondade, colocou Jesus para cuidar das várias espécies de flores. Mesmo nascendo no lodo, os lírios buscam o sol para se alimentarem; assim também considero os homens: embora imperfeitos, procuram a luz divina para viverem. Quem não tem fé não vive, sofre diante das tempestades e dos ventos. Jesus, carinhosamente, como todo bom jardineiro, oferece-nos a água da vida eterna e nós, frágeis flores, muitas vezes preferimos ignorá-Lo, talvez porque Ele nos ensine que no jardim de Deus as flores são irmãs e, sendo assim, todas devam ser respeitadas.

Saindo do hospital, fomos até um Centro onde procuramos assistir a uma aula sobre os corpos. Recordei-me do meu caso pessoal quando defrontei comigo mesmo depois de desencarnado, muito surpreso por constatar a existência do meu outro corpo — o perispiritual — e nele estarem contidos todos os meus órgãos. Eu vivi e louvei a Deus por Sua inteligência; caso contrário, Ele construiria e destruiria Suas próprias obras. Que trabalhão! Mas os inteligentes não destroem e graças à maior Inteligência do Universo, estou aqui, escrevendo para você.

A aula mostrava por que os desencarnados precisam de uma sala mediúnica, com médiuns capazes. Vimos, em uma das reuniões, hábeis espíritos colhendo dos médiuns duas espécies de substâncias; uma tirada em grande quantidade, a outra só os médiuns de efeitos físicos forneciam, e, nesses, observávamos o ectoplasma primeiramente apresentar-se em estado semilíquido, depois tornar-se compacto. Diante dos médiuns sendo esclarecidos através da aula, pude constatar que a mediunidade é bênção para aqueles que a educam, porque nada mais triste do que o homem desejar algo que não possui e não ter critério em relação ao próximo.

O estudo era por demais interessante, mas pouco tempo ali ficamos. Dirigimo-nos a um local onde um jovem se encontrava muito mal. Aproximamo-nos, notando no seu olhar a solidão. A família o temia. Se ele estivesse leproso a dor não seria tanta! Abandonado e enfraquecido, Célio procurava ao seu redor as explicações para o seu estado de saúde e, olhando as manchas que tomavam conta do seu corpo, recordou o passado. Julgando-se castigado, deixou cair sentidas lágrimas. Nem seus próprios pais lhe prestavam assistência. Ele sofria por sentir-se marginalizado pelas pessoas que mais amava. Célio sentia o seu interior como se algo lhe sugasse as forças. A tristeza e o desânimo eram tantos que ele já esquecera até de sorrir. Os médicos espirituais aplicavam-lhe passes e fluidificavam a garrafa de água que a família deixara ao lado de sua cama. Buscamos nos centros de força os fluidos que, alojados no perispírito, emitiam uma luz tão fraca que não revitalizava o duplo e este pouco oferecia ao corpo físico — eram mínimos os fluidos. Esses fluidos precisavam chegar até o duplo fortes e luminosos para que este fornecesse saúde ao corpo físico. Tudo tem de funcionar equilibradamente. O perispírito recebe e transmite ao duplo; este, interligado ao físico, a ele abastece. O doente por nós visitado desgastou-se através de vibrações baixas e sua aura espiritual apresentava-se distante de seus corpos, por isso seus centros de força recebiam fracamente as energias, bem pouco tendo para oferecer ao duplo e ao físico. Através do corpo macilento de Célio percebíamos como havia exaurido os seus órgãos através do descontrole. Parecia uma máquina desgastada pelo uso.

Estava eu a pensar assim quando Patrice perguntou a um médico:

— Por que são os homossexuais que mais contraem essa doença?

Simplesmente porque o coito anal favorece a proliferação da Aids. A vagina absorve o esperma, mas o ânus, sendo um órgão de excreção, não possui condição de absorvê-lo. A combinação do esperma com o sangue e as fezes, e às vezes alguma inflamação, concorre para a instalação do vírus, sendo essa a razão de todos os dias se alastrar o vírus da Aids.

— Mas se desde Sodoma e Gomorra é praticado o coito anal, porque só agora apareceu a "maldita"?

— O perispírito é o mesmo dos de Sodoma e Gomorra, portanto, de lá para cá o homem está sempre agindo contra as leis da natureza e sendo assim terá ele de sofrer as conseqüências. Aliás, um estudo feito constatou que se antes os parceiros se contentavam com duas ou três relações sexuais, hoje estão insaciáveis, sendo esta uma das principais causas do rompimento dos vasos.

— Essa doença tem cura?

— Sim, o homem cria a doença e ele mesmo a destrói. A doença é a conseqüência do desequilíbrio do espírito. Estamos torcendo para que os homens descubram a saúde do espírito, mas até lá vamos orar por todos os que hoje estão morrendo sem esperanças.

Foram feitas outras perguntas, mas só estas me foram permitidas narrar. Afastei-me triste, muito triste, porque nos hospitais o doente da Aids é pouco assistido. O homem teme o contágio, porque não aprendeu ainda a ser puro. A sua própria imperfeição é que o leva a temer as doenças. Os homens bons, seguidores de Jesus, aliviam o sofrimento do próximo, porque não temem dor alguma, principalmente essa que hoje se abate sobre tantas famílias, aterrorizando-as. Pedimos a Deus que no amanhã ela seja amenizada.

Mais uma vez presenciei um lírio sendo colhido, o enfraquecimento das células, o afrouxamento do cordão fluídico. Célio, o jovem de quinze anos, respirava com dificuldade, tendo o seu perispírito bem afastado. A aura espiritual encontrava-se ainda brilhante, mas os centros de força do perispírito se auto-abasteciam, pouco fornecendo para o duplo, estando este bem desequilibrado. Os chacras pareciam estar-se apagando e assim o corpo físico sofria igualmente.

Três médicos espirituais, ao lado do doente, prestavam-lhe auxílio. Presenciamos, então, o seu desligamento. A aura cósmica foi deixando de iluminar os centros de força e este foi apagando as luzes do duplo e do físico. Quando ocorreu a separação, o duplo, que antes recebia fluidos do perispírito, passou a viver das energias do corpo físico. Parecia um grande salão antes repleto de lâmpadas que se foram apagando lentamente. O perispírito, depois de separar-se dos corpos debilitados, ganhou novamente a companhia da aura cósmica, só que agora ela era composta de outras tonalidades, cuja causa fiquei sabendo. Antes, ela também captava energia física, agora, com a separação, isso não era mais necessário.

O jovem socorrido apresentava-se ainda muito doente e aqui quero frisar que quem está no corpo físico, ao se desprender, sente ainda por muito tempo o que vinha sentindo. Entretanto, quando o encarnado leva uma vida espiritual calcada no Evangelho de Jesus, ou abraça o mundo dos espíritos, vê-se livre das mazelas do corpo físico mais rapidamente. Mas como quase todos nós somos ainda muito imperfeitos, ao nos desligarmos da matéria levamos ainda os nossos desequilíbrios.

Santificar os nossos “mortos” é falta de conhecimento. Na ânsia de receber mensagens, muitos médiuns incorrem em faltas graves; com intenção de ajudar dão mensagem dos falecidos até em cemitério, quando tudo no mundo espiritual obedece a uma programação bem disciplinada. Um espírito para dar mensagem necessita estudar, porque nem tudo lhe é permitido transmitir.

Acompanhei o garoto que ainda sofria mas já recebendo um tratamento espiritual. Logo os seus familiares desencarnados foram-se aproximando para prestar ajuda. Visitamos o seu lar. A família, quando o garoto era saudável, nunca se preocupou com Deus. A religião sempre representou fanatismo, porque cobrava alguma coisa, principalmente a moral cristã. Agora, encontrava-se desesperada. Nós tentamos transmitir-lhes serenidade mas todos sofriam muito, inconformados.

Aí iniciou-se outro drama: a procura de um médium psicógrafo para obter a todo custo uma mensagem. Entretanto, os médiuns respeitáveis e conhecedores da Doutrina não podem atender a todos, conforme já explicado.

Recebo muitas cartas indagando como não ser vítima de falsos médiuns. Respondo: passando as atitudes de todos eles pelo crivo da razão, fugindo daqueles que, sem critério algum, transmitem mensagem até pelo correio ou nos portões dos cemitérios.

Médium é como médico e se algum médico ficar correndo atrás do doente este logo desconfiará. O bom médium não encontra tempo para fazer propaganda da sua mediunidade. Existem muitos médiuns que vieram com a missão do consolo mediúnico para aqueles que ficaram, portanto, nem todos estão capacitados para essa tarefa. Para receber mensagem consoladora de familiar o médium tem de estar muito bem assessorado por espíritos humildes e bons, porque no desespero de receber mensagem vem a invocação e isto é antidoutrinário. Conhecemos famílias que ficam totalmente desequilibradas, correndo atrás de médiuns. A família que se separa de um ente querido deve abraçar o Evangelho e praticar a caridade. Desse modo, o espírito receberá uma chuva de amor. Ninguém melhor do que Jesus para nos ofertar consolo. Deixemos que os mortos enterrem seus mortos. Os nossos viverão e, para viver, aquele que partiu precisa ficar livre da saudade. Se a família estiver buscando apenas notícias, ele deixará de freqüentar as escolas da espiritualidade para ficar ditando mensagens, deixando de evoluir. A saudade é cruel, mas vamos torcer para que aquele que é tão nosso aprenda a ser puro. E vamos amá-lo à distância.

— Sérgio, falou Patrice, é muito sério esse assunto e como nos entristece presenciarmos médiuns dando mensagem sem nenhum critério, apenas movidos pela própria vaidade!

Os Centros Espíritas precisam orientar os seus freqüentadores para o perigo do ridículo. Sabemos que a Doutrina não precisa de defesa, mas precisa do respeito daqueles que se dizem espíritas. Uma família que sofre é digna do nosso amor. Como brincar com os seus sentimentos? Um médium com Jesus tem tantos afazeres que não dispõe de tempo para ficar atrás de pessoas oferecendo sua mediunidade. A dignidade de um médium é medida pelos seus pequenos gestos, gestos esses repletos de amor ao próximo. Quem brinca com os sentimentos de alguém longe se encontra de Deus, que é amor.

Capítulo VIII

INGRATIDÃO FILIAL

Continuando a peregrinação junto aos lírios colhidos, dirigimo-nos a um hospital, onde o homem se defronta com a sua insignificância diante da fragilidade do corpo físico.

Marialva gemia de dor, com a perna gangrenada. Érica, sua única filha, às vezes lhe fazia uma rápida visita. Marialva indagava a respeito dos netos, ao que Érica dizia:

— Sabe, não é, mamãe, como são os jovens de hoje, vivem ocupados com faculdade, esporte, aulas de francês... O tempo é curto para tantas atividades.

A pobre mulher pensou: "eu os criei com muito amor; quantas noites deixei de dormir para cuidar dos meus netinhos. Hoje gostaria de vê-los um instante somente".

Marialva parecia não ter família. Sua filha, sempre bem vestida, pouco demorou, pois tinha muita pressa. Quando esta saiu, Marialva falou para a companheira de infortúnio:

— Coitada, trabalha tanto que não tem tempo para nada!...

A companheira respondeu:

— Marialva, não precisa justificar as atitudes de sua filha. Há dois meses nos encontramos aqui e ela poucas vezes veio lhe visitar. Eu compreendo, minha amiga, mas não aprovo o modo pelo qual ela lhe trata. E depois, sei que você criou os três netos para que ela trabalhasse em paz. Marialva, a sua filha é egoísta e orgulhosa. O filho que não respeita seus pais não possui o menor sentimento.

— Não, minha amiga. Érica é ótima filha. Eu é que estou lhe dando despesa e trabalho.

A colega se calou e eu tentei consolar um coração cansado de sofrer. Ao presenciar esta cena, resolvi escrever para todos os filhos que têm os pais sob sua guarda, a fim de que eles os respeitem e os amem. Devem recordar que graças a eles é que hoje vivem. Quem não dá conforto e amor a seus velhos pais sentirá o ranger dos dentes, que é o remorso de ter traído o Decálogo, que nos pede que honremos pai e mãe. Quantos filhos estão matando as esperanças de seus pais!

Marialva cerrou os olhos, mas as lágrimas foram mais fortes banhando-lhe o rosto. Ia retirar-me, porém me detive ao perceber os irmãos do Departamento do Desencarne. Esperei que completassem o trabalho, porque eu desejava estreitar num abraço amigo a sofrida e abandonada Marialva, que se assemelhava a um passarinho pronto a voar. À medida que o laço fluídico se afrouxava, ela foi adormecendo e seu duplo pairou sobre o corpo físico. Preparava-se para renascer no mundo espiritual. Sua veste física foi esfriando — era a separação dos corpos material e fluídico. Ainda tentou acordar, mas o estado de sonolência foi muito mais profundo e ela, ao adormecer, viu-se projetada no mundo dos espíritos. Sorriu para nós e alegrou-se quando Paulinho, seu velho pai, a abraçou com amor. Marialva teve um desencarne tranqüilo, mas mesmo assim os trabalhadores do Senhor ali permaneceram dando ao seu espírito a merecida assistência. Quando sua colega percebeu o desenlace e deu alarme, os espíritos já a haviam levado para um outro hospital. A filha foi logo avisada. Os netos, chorando muito, elogiavam a avó, pois ela os havia criado. Vendo esta cena, comentei:

— Criou e os criou muito mal. O neto que não respeita os pais de seus pais é um doente da alma.

Senti muita piedade, isso mesmo, piedade de Érica e sua família. Eles agora representavam uma comédia, lamentando a morte de Marialva. Tentavam dar satisfação à sociedade do abandono que infligiram a uma pessoa que tanto os havia servido. Érica soluçava e nós fomos saindo devagar.

Quando passei pelo hospital em que se encontrava Marialva, pasmo fiquei, pois ela chorava, preocupada com a filha e os netos, acreditando que eles a pranteavam, com saudade. Escutei-a dizer:

— Meu Deus, consola minha filha e meus netos, eles estão sofrendo tanto!

Olhei para Patrice e ela me falou:

— É, meu amigo Luiz, o amor cega.

— Será que Érica nunca vai sentir que falhou com a mãe, fingindo-se uma ótima filha?

— Não sei, não, Luiz, mas nada como o tempo. Hoje, abandonou a mãe em um hospital, amanhã esse exemplo que ela deu pode ser imitado pelos seus filhos, que farão o mesmo. Faça o que eu faço de bom e desfaça o que eu faço de errado.

Ainda virei-me para trás, sacudindo a cabeça e perguntando para mim mesmo: por que o homem tenta enganar a si próprio? Naquela casa, Érica, chorando e se lamentando junto aos filhos, ensinava-os a se tornarem hipócritas, pois ela jamais se importara com a mãe, velha e doente.

Exemplo é como uma chuva que, ao seu contato, nos molha de amor.

Capítulo IX

O RESPEITO À CRIANÇA

Mais um lírio fora colhido e muito aprendemos com a sua transmutação.

— Luiz, o que você acha de conviver junto aos encarnados? indagou-me Patrice. O seu trabalho é tão ativo junto a eles que às vezes me pergunto se isso não o cansa.

— Graças a Deus estou sempre fazendo algo pelo meu próximo e se não fosse o amor de todos, não sei onde estaria agora. Gostaria que todos fossem felizes. Oro pela paz de cada irmão, sofro e vibro com todos os meus amigos.

Aceitando convite de Aécio, dirigimo-nos até uma casa de onde partiam pedidos de socorro. Seguimos para lá e, ao transpormos a entrada da sala, divisamos um casal que brigava, agredindo-se não só com palavras como também fisicamente. Fitei meus companheiros, indagando:

— O que vamos fazer aqui? Em briga de marido e mulher ninguém mete a colher, já dizia a minha adorada avó.

Antes que viesse uma resposta, Patrice correu para socorrer um garoto de um ano e meio que a tudo assistia, apavorado. Naquela casa, que não podemos chamar de lar, uma pobre criança pouco entendia o que se passava, vendo o jovem casal agredir-se mutuamente. Prestamos ajuda a Pablo e ele brincou conosco, esquecendo o triste acontecimento. Depois que o casal terminou a briga, o pai foi para perto da criança e falou asperamente:

— Sua praga, por sua causa estou amarrado. Se não tivesse você eu me mandava. Mas essa criatura me fez de otário e me arranjou você.

A mãe socorreu a criança, mas não deixou de dizer:

— Ele não tem culpa, não pense você que o queria também. Ele veio contra a minha vontade.

O Departamento da Reencarnação é sábio, por isso presta excelente ajuda. Pablo, embalado por Patrice, procurou uma posição para dormir. Estava triste, muito triste. Além de nós, ali compareceu um encarregado do Departamento da Reencarnação.

Os pais precisam conscientizar-se de que a criança tudo percebe e sofre com as palavras pronunciadas sem pensar. Se até o feto capta se é amado ou não, imagine uma criança de um ano! Confesso que senti vontade de fazer aqueles dois se calarem, mas eram tão sem conhecimentos evangélicos quanto pobres de amor. Desisti.

Pablo dormiu e nós pudemos conversar com seu espírito. Ele se sentia muito infeliz, desejando até desencarnar. Deleuze, que chegara depois, falou com ele sobre a oportunidade que é viver no corpo físico. Pablo sofria e quando despertasse sentir-se-ia doente, com febre e muito abatido. Então a mãe ficaria preocupada julgando que fosse gripe.

A criança pequena precisa de um ambiente limpo, arejado e, principalmente, equilibrado. Ela percebe se é ou não amada, ou se seus pais são infelizes. Não julgue seu bebê um objeto. Ele é alguém que está de volta à carne, presente em espírito e verdade a tudo o que o rodeia. O bebê possui um espírito antigo e Deus fez com que ele retornasse à terra como criança, necessitando de cuidados que só o amor maternal lhe pode dispensar. Mas no corpo frágil do bebê se encontra um espírito com todas as faculdades conservadas em estado latente. O bebê está resguardado das lembranças, para isso Deus lhe dá um lar. Por que certos pais não tratam os seus bebês com respeito?

Brigar perto de uma criança é desrespeitar sua inocência. O espírito que está de volta precisa de alguém que o elucide com exemplos nobres, para que o seu espírito desperte para a vida eterna sem as tendências do passado, às vezes até tendências bem perversas. Brigando diante de um bebê, falando palavrão, estamos fracassando, não cumprindo com a tarefa de educadores e, sim, fazendo aflorar em nossos filhos o joio, resquício do passado. Ninguém deve tratar com aspereza uma criança, ela é um botão que deve desabrochar sem violência. Hoje os casais estão tratando os seus bebês como se fossem bonecos. As crianças estão sendo violentadas, porque os pais estão fazendo com que elas cresçam ligeiro demais. Desde cedo são educadas não para se tornarem adultos responsáveis, mas para serem bonitas, ricas e poderosas. E nem todos podem ser prósperos, daí vir o sofrimento. Se cada casal educasse seus filhos como filhos de Deus na Terra, teríamos menos lágrimas. Infelizmente, as crianças hoje são filhas da televisão e esta, impiedosa e fria, ensina-as sem amor.

— Luiz Sérgio, vamos agora a um lugar onde um garoto de doze anos necessita de nossa ajuda, disse Aécio.

Sorri, pensando: quando menos se espera estou eu com os pequenos.

Chegamos à casa de Tácito. Deitado em sua cama, ele pensava, tristonho. Tentei falar-lhe e pude perceber que o nosso amiguinho possuía idéia fixa em sexo, só pensava nisso. Olhei-o, condoído. Um garoto com essa idade é para estar vivendo ainda num mundo de sonhos. Ele não tem condição de conviver com algo tão complicado como o sexo. E o nosso amigo sonhava com uma bela mulher, recortando figuras de uma das revistas pornográficas da casa. Observando-o, íamos ficando assombrados com tanto conhecimento sobre sexo. Procuramos a "arma do crime", encontrando revistas, fitas de videocassete, livros, tudo com que o garoto se distraía para passar o tempo. Perguntei aos meus amigos:

— Como podemos ajudar?

— Apenas orando. Aqui dificilmente a mãe, o pai e os irmãos poderão dar uma educação disciplinada. Esse garoto precisa urgentemente praticar algum esporte, ir ao cinema, teatro, festas familiares. Ele não pode viver sozinho, entregue às suas fantasias sexuais.

Sem demora, ligou o videocassete e nós nos retiramos. Não existe cabeça, principalmente a de uma criança, que não se perturbe diante de tanta sujeira. Os pais estavam em viagem e acreditavam que nada podia acontecer ao filho. Eles dizem: nada, tudo é criancice. Não é assim. Os pais precisam lutar para que seus filhos sejam felizes; no entanto, criança alguma é feliz enfrentando cedo as realidades duras da vida.

Bateram à porta. O garoto desligou a TV e foi abri-la. O irmão mais velho entrou e, rindo, lhe disse:

— Aí, hem! Curtindo, não é, seu malandro? — achando bonita tanta precocidade. Não sabia ele que o irmão estava morrendo; logo deixaria de sonhar e, ao contato com uma realidade dura, sofreria muito. O sexo é puro, desde que o respeitemos e uma criança não possui discernimento para separar corpo e alma. Para iniciarmos qualquer jornada, precisamos conhecer o caminho, ninguém chega ileso sem uma bagagem de bom senso.

Fomo-nos retirando. O que poderíamos fazer? Nada. Ali só a matéria tinha valor. Um dia talvez eles busquem algo além da vida.

Capítulo X

BRINCADEIRA FATAL
JOVENS E VELHOS ENTRELAÇADOS

Rumamos para um local onde as preces nos chamavam. Era um confortável lar de pessoas de posses. No seu interior, as cadeiras derrubadas anunciavam que houvera uma briga e gritos ainda eram ouvidos. Avistamos, então, um rapaz de vinte e dois anos quebrando tudo e batendo na mãe, no pai e nos irmãos. Fui para perto dele, que me julgou um personagem de seus inúmeros delírios, mas a minha fisionomia era de tanta crítica que ele parou de enforcar o pai. A mãe orava, chamando-me, assim como a todos os Raiozinhos de Sol. Confesso que tive vontade de aplicar umas boas palmadas naquele jovem sem amor, porém logo me envergonhei; quem sou eu para criticar alguém?

Deleuze, aproximando-se, imobilizou-o e ele, meio sonolento, foi levado para um hospital, mas ali ficara uma família a sofrer. O jovem não estudava, não trabalhava e ainda agredia toda a família. As autoridades precisam levantar uma campanha contra as drogas, pois existem muitos lares onde este mal está destruindo a paz. Ninguém pode imaginar a importância desse trabalho.

Tentei consolar o pai, a figura da derrota. Sonhara ter um filho homem e, quando Rodolfo chegou, ele o cobriu de carinho. Com o passar dos anos, o excesso fez Rodolfo um ser egoísta e vaidoso, sem a mínima educação, porque sempre lhe fizeram todos os gostos. Apesar de bater nas irmãs e gritar com a mãe, Rodolfo era o preferido da casa. Para ele eram os melhores pratos, as melhores roupas, carro, enfim, o Rodolfinho era o "menino" dos seus pais. E agora ele não tinha futuro e não tinha mesmo, principalmente no plano físico. Logo depois de sua internação no hospital, Rodolfinho suicidou-se. Queria apenas dar um susto nos seus, por terem tido a coragem de interná-lo, porém o seu enfraquecimento era tanto, devido às drogas, que o momento foi fatal. Corremos para o local e com pesar vimos que Rodolfinho não era um lírio colhido, mas um lírio destruído. No banheiro jazia o corpo do jovem, tendo ao lado o seu espírito em desespero. Pensei logo nos seus pais. Quanta dor para uma família! Diante daquele corpo imóvel e de seu espírito alucinado, pouco pudemos fazer. Jamais esquecerei os olhos suplicantes de Rodolfo a me pedir ajuda. Ele, que antes havia-me enxergado durante o delírio da droga, agora me suplicava que o tirasse daquela situação tão aflitiva. Gostaria de lhe dizer da minha incapacidade, mas ele teria de muito aprender para saber que em certas ocasiões só nós mesmos podemos nos ajudar.

— Não me conformo com a dor do suicida. O que Deus pode fazer para aliviá-la? — considerou Patrice.

— Nada. Não é Deus quem castiga, nós é que nos aleijamos. Deus nos oferta a vida — espírito — e nós adquirimos os corpos, os quais, se bem cuidados, embelezados serão e darão ao espírito a paz que almeja. O suicida, ao destruir o corpo, desequilibra ainda mais o espírito. No ato do suicídio o impacto da "morte" é tão violento que rompe o cordão de prata e este, seriamente machucado, transmite ao espírito os sofrimentos do corpo denso. Só o próprio suicida tem poder sobre a sua dor e só ele pode amenizá-la. Deus não interfere em nossas decisões e quem se suicida já não deseja permanecer na matéria. Portanto, ele rasgou uma veste emprestada — o seu corpo físico — e terá de pagar por isso. Deus não mata nem castiga, o homem é que tenta matar a bondade de Deus.

O corre-corre no hospital continuava e nós caminhávamos devagar, olhando ao nosso redor, quando resolvemos visitar um amigo. Ao entrarmos no quarto deparamos com ele, imóvel, olhar perdido no tempo, o corpo físico gasto, mas muito bem cuidado pelos médicos e enfermeiros. Sorriu para nós, julgando-nos visita. Tentou falar, porém sua voz, já bem fraca, não foi capaz de ser ouvida pela enfermeira. Se assim ocorresse ela poderia até se assustar. Ele quis dizer:

— Quem são vocês? Não os conheço. Você — dirigindo o olhar para mim — não me parece estranho.

Oramos junto ao nosso amigo e pudemos presenciar o desatar lento do laço fluídico, os fluidos vitais se dispersando. Perguntei a um dos encarregados do desencarne:

— Por que esse irmão, há tanto tempo hospitalizado, ainda não desencarnou?

— Por sorte dele, apesar de sofrer bastante, está queimando o combustível, protegido graças às preces da sua esposa e dos amigos. Do contrário, já teria desencarnado e sofrido com os sugadores.

— Sugadores?

— Sim. Existem espíritos sem evolução que aproveitam os fluidos vitais dos suicidas inconscientes para viverem na terra praticando sexo ou fazendo trabalho de feitiçaria.

— E o sofrimento dele era para acontecer?

— Não. Se esse irmão, mesmo doente, tivesse se dedicado ao trabalho junto aos infelizes, não chegaria a esta situação. Teria gasto todo o seu fluido vital de maneira caridosa.

— E vocês, do Departamento do desligamento dos corpos, deixam os vampiros sugarem os doentes quando estes não estão em um ambiente equilibrado?

— Nós não temos permissão para montar guarda a um

doente suicida inconsciente. Só nos aproximamos dele para imantar o cordão de prata, para que este se desamarre sem ser violentado. E depois, fluidos vitais foram ofertados para a vida no plano físico. Quem a todo momento se queixa de doença, tomando remédios sem necessitar deles, é um candidato certo ao suicídio inconsciente.

— Existem muitas pessoas nessa situação?

— Mais do que você imagina. Mas a culpa é da própria sociedade, que discrimina os velhos. O homem é devorador do próprio homem. Quem menospreza a velhice é ignorante, porque todos estão ficando velhos, até o bebê. Se é um fato natural, por que o preconceito? É por causa dele que existe um acomodamento quanto à velhice. Portanto, vamos dar oportunidade de trabalho aos velhos, tratá-los com dignidade e não como se fossem inválidos. Ajudemos quem já muito nos ajudou. No Brasil, por existirem muitas crianças e jovens, um homem com cinqüenta anos é tido como velho e já sofre no trânsito, no trabalho e no círculo familiar. Todavia, um homem com cinquenta anos não é velho! Precisamos conscientizar o jovem de que a velhice não existe. Existe, sim, a responsabilidade. Jovens e velhos terão de bem cumprir as tarefas reencarnatórias. Se o velho já está aposentado, é digno buscar fazer alguma coisa sem ficar preso à televisão, pois ele precisa levar uma vida normal. Se ele se julgar necessitado de descanso e só ficar dormindo ou vendo televisão, logo estará decrépito. Conhecemos senhores com mais de cem anos trabalhando e raciocinando muito bem, porque o homem na ativa não adormece a sua mente. A velhice não toma conta só do homem. Se olharmos um objeto sem uso ele também apresentará desgaste e poeira. Vamos amar os velhos, dando-lhes carinho e os incentivando ao trabalho, porque amanhã seremos nós que estaremos desfrutando do que hoje iniciamos. O homem pode muito bem gastar os seus fluidos vitais longe de uma cama de hospital. E isso só ocorrerá se a sociedade não aposentar o homem antes do tempo. Há países em que o velho possui o direito de bem viver a sua idade, dirigindo, passeando, viajando. Vamos ensinar nossos filhos a respeitar os velhos, dar-lhes a felicidade de conviver com os mais novos e, junto deles, envelhecerem com dignidade. Meu amigo, Francisca Theresa incentiva as pessoas sempre com mais idade a trabalharem junto aos jovens e sempre diz: antiguidade não é qualidade e ser jovem não é ser irresponsável. Todos, jovens e velhos, possuem responsabilidade com Deus e com a sociedade e, juntos, podem trocar experiências. Trabalhando unidos, velhos e jovens, teremos um recanto de amor. Os velhos precisam olhar os jovens como pessoas capazes e os jovens, no convívio com os mais idosos, devem ter em mente que a mocidade é eterna quando envelhecemos com Jesus.

Ficaria ali mais tempo, mas o trabalho é imenso e prometi a Jesus trazer à terra o que venho recebendo no mundo espiritual. Ali, diante de alguém que estava preparando-se para partir, eu muito aprendi, principalmente quando uma grande mulher, companheira e amiga do seu velho esposo, abriu o *Evangelho Segundo o Espiritismo* e leu com voz alta para o moribundo escutar a Coletânea de Preces Espíritas, Capítulo XXVIII, item 12:

Espíritos esclarecidos e benevolentes, mensageiros de Deus, que tendes por missão assistir os homens e conduzi-los pelo bom caminho, sustentai-me nas provas desta vida; dai-me a força de suportá-las sem queixumes, livrai-me dos maus pensamentos e fazei que eu não dê entrada a nenhum mau espírito que queira induzir-me ao mal. Esclarecei a minha consciência com relação aos meus defeitos e tirai-me dos olhos o véu do orgulho, capaz de impedir que eu os perceba e os confesse a mim mesmo...

Bem perto da irmã, abrimos o Antigo Testamento e oramos. *Jeremias*, Capítulo I, versículos 6 e 7:

Então disse eu: Ah, senhor! Eis que não sei falar, porque sou uma criança. Mas o Senhor me disse: Não digas: Eu sou uma criança. Porque aonde quer que eu te enviar, irás, e tudo quanto te mandar, dirás.

Capítulo XI

A JUSTIÇA DA REENCARNAÇÃO AS TRÊS REVELAÇÕES DIVINAS

O trabalho que ora realizamos não é mais do que um aprendizado de vida. Visitando os encarnados, defrontamo-nos com a dor a todo momento e constatamos que cada um convive com o seu próprio sofrimento. Existe dor e existem dores, mas todos os que sofrem merecem de nós um olhar de amor.

Voltamos ao Departamento de socorro e lá recebemos fluidos reequilibrantes, pois a demorada permanência no plano físico não é benéfica para o desencarnado. No Departamento reencontramos vários amigos e, ao avistar Irmã Celeste, pedi-lhe que me narrasse algo sobre as cores e ela prontamente me atendeu, explicando:

— Como no Universo toda vibração é colorida e sonora, os corpos materiais mantêm essas qualidades na vibração, no som e na cor. Como a cor possui vibração própria ela se transmite conforme a emoção.

— E as auras?

— A aura que circula o corpo físico reflete o caráter da pessoa, seu grau de espiritualidade, porém, é aconselhável tomarmos muito cuidado por ser ainda um assunto muito complexo. Existem várias auras e somente um bom vidente pode estudá-las. Contudo isso só deve ocorrer se o paciente estiver precisando de cuidados médicos. Olhar a aura de alguém apenas por divertimento é desaconselhável. A aura muda de cor e a nossa própria curiosidade poderá influenciá-la e alterá-la.

Queria perguntar mais, entretanto Irmã Celeste despediu-se e nós voltamos ao plano físico. Mais um lírio seria colhido.

Dirigimo-nos a um leprosário, onde Turíbio lutava para consolar os seus colegas através da Doutrina Espírita. Compreendemos a dor do homem presenciando o apodrecimento do seu próprio corpo. Turíbio escrevia com dificuldade, mas mesmo assim copiava belas mensagens. Algo me emocionou: ele copiava mensagens do meu livro *Consciência*. Aquele homem que lutava para viver não compreendia como um jovem sadio se suicida a cada minuto, drogando-se. Ele, já deficiente, sem uma das mãos e em vista de perder a outra, amava a Deus e acreditava na vida eterna. Acerquei-me, pois percebeu minha presença. Falou, sem mesmo me enxergar:

— É você, Luiz Sérgio? Eu gosto muito de seus livros. Não pare, não, companheiro, mostre a essa meninada que o que eles estão fazendo irá pesar-lhes demais. Não se joga uma encarnação fora e eles estão nesse caminho.

Turíbio orou por nós, os Raiozinhos de Sol, porque a droga se alastra e os traficantes se multiplicam. Seus olhos marejaram-se de lágrimas e o abracei com carinho. Saindo dali, juntei-me aos meus amigos e fomos até a enfermaria de onde Solano seria conduzido para a espiritualidade. Na hora em que os encarregados desataram o laço da vida física, Solano caiu como num vácuo, decorrendo poucos segundos essa sensação. Quando abriu os olhos viu Jésus Gonçalves, que socorre todos os leprosos. Esfregou a vista e quando percebeu que a "morte" havia chegado, chorou segurando a mão iluminada de Jésus Gonçalves. Solano contava apenas vinte e cinco anos. O seu desencarne foi bem tranqüilo. Fitei aquele corpo — se posso chamá-lo de corpo — todo mutilado. Procurei o perispírito e este ainda conservava alguns vestígios da lepra. Não compreendi, pois tempos atrás havia presenciado o desencarne de um leproso e constatado que as partes do corpo físico que a lepra atingira emitiam uma luz que brilhava no perispírito e em Solano a lepra ainda se encontrava no perispírito. Não sabia se perguntava ou se me calava. Lavínia correu em meu socorro.

— Solano sempre lamentou a doença e jamais quis acreditar na vida do espírito, portanto ele em nada crê, é um revoltado.

— Vai continuar leproso?

— Não, mas até o dia em que ele se julgar leproso o seu perispírito continuará marcado.

— Coitado! falei.

— Não, Luiz, coitado, não. Mesmo assim ele só recebeu a lepra. Foi pouco para um espírito que queimava sem piedade os corpos das pessoas que julgava serem inimigas, ao tempo da Inquisição.

— Queimava?

— Sim, Solano gostava de untar os corpos com azeite para depois queimá-los.

— Solano está colhendo o que plantou — falou Patrice — e o nosso querido Turíbio?

Outro irmão que ali prestava auxílio esclareceu-nos:

— No ano de 1232 o "Santo" Ofício criou um tribunal especial para investigar a vida dos suspeitos e obrigar os hereges a crer na Igreja. O Papa Gregório IX era terrível. Em nome de Jesus ele mandava os frades atuarem como juízes e os inquisidores torturavam os suspeitos. Os hereges, na maioria judeus que se recusavam a mudar de convicção, eram jogados na fogueira. Todavia, foi na Espanha que Torquemada tornou-se mais brutal. Ele foi o Inquisidor-Geral durante quinze anos e nesse período milhares de pessoas foram executadas. Seus seguidores tentaram condenar Teresa D'Ávila como suspeita de heresia mais de uma vez, sem o conseguirem.

— Quer dizer que Turíbio foi Torquemada? Mas hoje ele é tão bom...

— Sim, esta é uma das últimas encarnações de Torquemada. Ele já sofreu demais. Por isso Turíbio é tão inteligente.

— Meu Deus, como a vida é importante!

Ainda ficamos conversando e, quando ia-me retirar, pedi permissão para rever Turíbio e ao avistá-lo senti um grande afeto por aquele espírito que vinha cumprindo bem suas tarefas reencarnatórias. Ele fez sofrer, mas como vinha sofrendo! Por trás de uma velha escrivaninha, não deixara de possuir o porte altivo; usava um pequeno chapéu bem afundado na cabeça, a fisionomia fechada, mas serena. Fomos ler os escritos de Turíbio e notamos nas suas mensagens palavras muito usadas na Inquisição: conselho-geral, judaizantes, marrano, Merisinho, queimadeiro, sambenito, abjuração.

O líder dos hansenianos era um antigo inquisidor. Quando Turíbio levantou-se, percebemos que já possuía o corpo deformado, com uma das pernas cortada até o joelho. Levava nas mãos muito papel. Pregava a doutrina das vidas sucessivas e ninguém melhor do que ele, o terrível de ontem, para exemplificar o sofredor de hoje. Naquele leprosário estavam confinados muitos dos antigos inquisidores, aqueles que queimavam e torturavam os que defendiam convicções religiosas diferentes das suas.

Queira Deus que nenhum dos espíritas de hoje seja coberto pelo orgulho e levado ao fanatismo, que nunca levante a voz para ferir alguém por não professar os mesmos princípios que ele. O homem não pode julgar a fé do seu próximo; a cada um é dado o direito de escolher a sua crença. A religião que teme outra não possui fundamentos cristãos. Não basta ao espírita verdadeiro encarar a razão face a face. Ele deve fazer do seu dia-a-dia a razão do viver com o Mestre e para Ele, de modo que os outros sigam o Cristo por sua causa. A Inquisição jamais deve voltar, mesmo sendo muitos de nós os inquisidores do ontem. Se a idéia surgir em nossa mente, recordemos que a natureza não dá saltos e as tendências do passado podem desejar aflorar. O espírita deve procurar a dignidade nos pequenos gestos de amor ao próximo. Poucos homens, muito poucos, tidos como fortes em religião, não cometeram injustiças. A Doutrina dos Espíritos é simples, mas verdadeira, sem doutores da lei, sem mestres, sem inquisidores, por isso permanecerá apesar de alguns homens desejarem deturpá-la. A Doutrina Espírita é raio de luz que varre qualquer treva, principalmente a do orgulho, a da injustiça e a do fanatismo. A Doutrina é Deus novamente ditando para a humanidade as leis do amor como amar ao próximo como a si mesmo. Quem ama não atira a primeira pedra, portanto, o espírita tem obrigação de cultivar o amor ao próximo. Se ontem as outras religiões perderam-se entre os muros dos templos, a Terceira Revelação de Deus soprará em todos os lugares. A Doutrina Espírita não tem descobridor nem dono, ela é a voz de Deus pelos lábios dos Espíritos do Senhor.

Se buscarmos a *Primeira Epístola de João*, versículo 7, leremos:

Porque três são os que testificaram no céu: o Pai, a Palavra e o Espírito Santo e estes três são um. E os católicos batizaram de Santíssima Trindade. Todavia, o tempo nos trouxe a verdade saída da letra. Deus é o Pai, a Palavra é Jesus, que tão bem exemplificou as leis de Deus; o Espírito Santo é a Doutrina Espírita que elucida os encarnados sobre a ressureição dos mortos. Ela dá ao homem a esperança de que nada se acaba, principalmente o próprio homem.

Esses os três testemunhos das verdades divinas:

Deus — causa única de tudo; Deus — Pai de todos. Uno, Indivisível e Eterno;

O Verbo — Jesus — manifestação visível da ação de Deus sobre todas as coisas. Ninguém viveu o Decálogo como Jesus, por ser Ele um Espírito puro;

O Espírito Santo — a Terceira Revelação — são os Espíritos do Senhor, enviados celestes que fazem a ligação do plano espiritual com o plano físico.

Graças à Terceira Revelação, que Kardec denominou Doutrina Espírita, o homem pode compreender Deus, amar a Jesus e lutar pela melhoria própria por ficar conhecendo toda a sua origem e a sua eternidade. Segundo essa filosofia, o homem olha o túmulo como um túnel por onde terá de transitar, para ressuscitar. Para o espírita o túmulo é o lugar para onde será devolvida a veste usada — o corpo físico. Por conseguinte, a dogmática Santíssima Trindade trouxe ao homem as revelações divinas: primeiro Moisés, depois Jesus Cristo e posteriormente, a Doutrina Espírita. Estudando esta última podemos entender Moisés e Jesus e a nós próprios. Se os nossos irmãos católicos consideram Deus como um Ser dividido, os espíritas, graças a um homem chamado Allan Kardec, que não adulterou as palavras divinas, compreendem que os dogmas são inerentes à falta de conhecimento e que o homem conserva a sua individualidade eternamente, por isso terá de lutar pela perfeição. Deus está tão acima da nossa pobre imaginação que não devemos tentar analisá-Lo, mas, sim, a nós mesmos, porque só então chegaremos a comprendê-Lo como um Ser sublime. Sendo o homem uma grande obra divina ainda não compreendida pelas grandes inteligências, não precisamos analisar Deus para obter a fé. Devemos proceder à análise não só de nós mesmos, como de tudo o que nos oferece a razão da vida física. A Doutrina Espírita ensina o homem a ser feliz e a amar a

Deus através do caminho, da verdade e da vida — Jesus Cristo — porque foi Ele, o Mestre, quem nos apresentou Deus como Ele é: bondoso e amigo. Foi ainda o Mestre Jesus quem nos prometeu o Consolador, e hoje o Consolador tenta nos amparar.

Três são as revelações divinas. Duas já deixamos passar e a terceira — a Doutrina Espírita — está esperando que matemos o homem velho e ressurjamos dos mortos para a vida livre dos espíritos. O Consolador ensina o homem a voar sobre a dor, dispersando-a com a prece, buscando o céu da tranqüilidade através do Evangelho. É a doutrina que oferece ao homem a luz do esclarecimento dos muitos mistérios do ontem e tira a lápide do túmulo para mostrar que além da vida está a verdadeira vida. Cada cidadão tem o direito de escolha, mas direito maior é a luta travada para ser bom. A bondade se adquire através dos conhecimentos divinos. A Doutrina Espírita, sendo a última revelação, dá ao homem a certeza da existência de Deus e do Seu perdão. Só a reencarnação oferece a cada um de nós a resposta a tantas desigualdades que existem. A reencarnação concede ao espírito culposo do pretérito a oportunidade de reencontrar no presente os seus desafetos e lhes pedir perdão. Só a Doutrina Espírita esclarece, só ela responde a todas as indagações, porque veio, após o Verbo, completar o ditado divino.

— Luiz, como você está entendido de Doutrina!...

— Não, Patrice, eu apenas coloquei o que venho aprendendo com os Espíritos do Senhor. Sou um aluno tentando passar para os meus irmãos os conhecimentos da Pátria-Mãe. E a “Santíssima Trindade” sempre me baratinou; só depois que amei e respeitei o Deus único pude compreender Jesus e a Doutrina Espírita. A princípio, eu buscava a verdade sem muita convicção, mas ela chegou até o meu coração através de concretos fatos, todos repletos de amor. A Doutrina bem vivida é Jesus em ação. No entanto, o espírita que fica apenas na letra terá apagado o seu nome do livro dos trabalhadores da última hora. A seara é imensa, mas como ainda faltam valentes e amorosos trabalhadores!

— Luiz Sérgio, ainda existem espíritos que consideram certa a Inquisição?

— Sim, existem e estão reencarnados, por isso há tantas brigas não só nas igrejas como na Doutrina. São os falsos profetas que, vestidos de cordeiros, pregam a desunião. Eles estão aí mesmo, é fácil reconhecê-los. O seguidor do Mestre é manso e pacífico, corajoso e justo. O seguidor do Mestre não só empresta a capa, mas ainda oferece a mão para caminharem juntos, trocando energias em prol da obra de Deus e também luta para que cada um cumpra com o dever de cristão.

Capítulo XII

OS PERIGOS DO VÍCIO CRIANÇAS SOZINHAS

O homem é matéria bruta quando não busca as verdades. Elas estão ao nosso redor, ou melhor, em nós mesmos. Se formos capazes de analisar nosso corpo veremos que o maior cientista jamais criará um igual. O corpo humano é máquina cujas peças funcionam em perfeita harmonia. E a natureza? Alguém seria capaz de viver sem ela, cercado apenas das máquinas feitas pelos homens? Quem não crê em Deus é bastante infeliz e sempre um revoltado.

Diante daqueles corpos mutilados pela lepra, compreendi melhor o perdão da reencarnação e, graças a esta bênção divina, os pecadores voltam para pagar suas dívidas. O homem que só crê no presente não pode possuir esperança nem motivação para ser bom. Quando vejo criaturas, mesmo se dizendo espíritas, muito apegadas ao dinheiro, pergunto a mim mesmo: "para quem elas irão deixar o seu tesouro?" Ao remorso de não ter embelezado a sua passagem para a eternidade.

— Sérgio, por que o silêncio? indagou Deleuze, vendo-me pensativo.

— Busco, amigo, a explicação para a teimosia do homem.

— E por falar nela, vamos atender a um chamado?

O dia já despontava quando nos dirigimos a uma bela casa. No seu interior uma serviçal a todos atendia, enquanto três adolescentes se preparavam para as aulas. Só a mãe ainda dormia. O pai, fisionomia fechada, não percebia, ou por outra, nem procurava viver aquele momento tão passageiro na vida de uma pessoa: a vida no lar. Observamos que Roberto, o filho mais velho, desejava falar alguma coisa com seu pai, mas este nem notou sua inquietação. Quando saiu, acompanhamo-lo e, para supresa nossa, perto do colégio ele fumou um baseado. Nos seus doze anos, Roberto estava iniciando-se no vício e ali chegando só procurou a companhia de garotos desequilibrados.

— Amigo, falei a Deleuze, tenho a impressão de que estou no lugar errado. Já narrei vários fatos iguais a esse nos meus livros.

Ele me sorriu, dizendo:

— Sei disso, mas a avó deles, já desencarnada, pediu para que ajudássemos Roberto. Ela teme o pior, pois a sua turma está de assustar,

— Quê? Assustando? Mas eles ainda são bebês!...

— Por isso mesmo precisam de nós.

— Quem mais precisa de nós é a família materialista e egoísta. Vivem com os filhos mas não são pais.

— Você tem razão. Voltaremos àquela casa e vamos ver o que podemos fazer.

Esperamos o anoitecer. Mãe e pai preparavam-se para cumprir mais um compromisso social. A garota Tamara pediu algo à mãe, obtendo resposta áspera. Os filhos não existiam para aquele casal. Tentamos despertar a atenção para os seus deveres familiares, mas qual o quê, viviam a vida deles. Só eles, eles e eles.

Sentei-me na varanda, admirando o belo jardim; era uma linda casa, onde viviam almas distantes do sentimento familiar. Vimos o casal retirar-se para mais uma das festas. Cada um dos filhos vivia à sua própria maneira, apesar do mais velho ter somente doze anos. Tamara deitou-se para dormir. Rodrigo procurou um colega pelo telefone, mas Roberto ganhou a rua para fumar junto a outros garotos. Pensei que deixaríamos aquela família, mas Deleuze convidou-nos a acompanhar o casal à festa:

— A uma festa social? inquiri.

— Sim, a uma festa social.

Calei-me, mas confesso, nada compreendendo.

Chegamos. No local muitos carros à porta. A festa corria animadamente e nós apenas olhávamos os convidados, quando Deleuze nos comunicou:

— Vamos tentar impedir que Pedro Paulo beba muito.

Respondi:

— Pare aí, babá de criança tá bem, mas de marmanjo?!...

Eles riram, conhecendo o meu lado brincalhão, Tentamos intuir Pedro Paulo e sua mulher Helena a não beberem tanto, porém estavam tão acostumados a isso, que nem nos escutaram. Fizemos de tudo, até sentirem mal-estar estomacal. Mas nada! Eram alcoólatras granfinos. Ali reconhecíamos o que é uma pessoa sem fé. Ela vive o momento e a futilidade é sua bandeira. O acontecimento social, quando é um encontro de fofocas, traições e transações comerciais, não é um divertimento saudável à alma. Percebemos que vários outros espíritos também ali estavam, enquanto a festa corria na sua suntuosidade. O casal que havíamos acompanhado até ali ria estridentemente. Pedro contava casos que ninguém agüentava mais ouvir, de tão velhos. Nisso, resolveram retirar-se. Deleuze, muito preocupado, tudo fez para que Pedro Paulo desistisse de dirigir, entretanto Helena estava ainda mais bêbada que o marido. O carro custou a pegar e agora compreendia por que estávamos alí. Tentávamos impedir um suicídio. Sim, pois não havia chegado a hora de Pedro e Helena partirem. Todavia, naquela madrugada, completamente embriagados, o casal não só deixou a festa como também seus corpos físicos. Carro destruído, corpos mutilados. Os dois, alcoolizados, não viram o poste e também não perceberam a morte das suas oportunidades. Deixaram a vida física não tendo sequer cumprido o dever de pais.

O casal estava sendo socorrido e senti um aperto no coração, porque esses lírios voltaram para a Pátria-Mãe de maneira bastante violenta. Foram retirados dali, mas por muito tempo ainda permaneceriam completamente perturbados. Pedi para ir até a casa de Helena e Pedro Paulo. Lá chegamos junto com a notícia. Os filhos, assustados, choravam muito. De um dia para outro suas vidas iam mudar muito. Roberto indagava:

— Como pode papai e mamãe morrerem e deixarem tudo? A vida é muito má! Para que serve o nosso dinheiro se não podemos subornar a morte?

Diante de tão cruel realidade, Roberto percebeu que a vida não era para ser vivida negligentemente, precisamos vivê-la bem e tudo fazer pelo futuro espiritual que nos aguarda no amanhã; que a desobediência às leis traz sérias conseqüencias; que seus pais tinham tudo para viverem bem, contudo a falta de religiosidade os levou à "morte". Quem dirige não pode exceder-se no álcool nem na velocidade. Roberto, diante do sofrimento, descobriu que a vida é muito mais do que viver ou "aproveitá-la".

Demos assistência àquela família e quando encontramos Jerônima, a mãe de Helena, Deleuze lhe disse:

— Irmã, nada pudemos fazer para evitar o acidente. Eles não nos escutaram.

Ela sorriu tristemente, agradecendo o socorro à sua filha, e respondeu:

— Agora, amigos, só espero que eles busquem o Cristo. Helena foi criada na Doutrina, mas sempre achou que a vida era para ser "bem vivida". Mesmo recebendo educação cristã desde criança, quando se casou preferiu seguir Pedro Paulo, materialista convicto. Não lutou para transmitir ao marido um pouco de conhecimento cristão, preferiu esquecer o que aprendera e aí está o resultado: encontrou a "morte" por desejar "viver a vida".

O carro arrebentado era atração de curiosos que dificultavam o trabalho dos encarregados. Nas ferragens restou apenas a lembrança de um casal que havia esquecido a família em casa.

Dizem alguns:"muito estranha a atitude de Deus. Ele, que se diz bondade, lança a dor e o desespero nos lares. Quantas mães sozinhas e sofredoras têm de criar os filhos sem a presença dos pais!" É de difícil compreensão, principalmente para quem longe se encontra da Doutrina Espírita. Somente um estudo sério dá ao homem condição de aceitar os fatos desta vida.

Nesse novo trabalho confesso que às vezes me entristeço. São tantas as lágrimas de saudade que meu espírito se vê incapaz de aplacar tão pungentes dores, mas tudo tem uma razão de ser e esta oportunidade, ao lado de espíritos capacitados, procuro não desperdiçar. Deleuze chamou-me à realidade:

— Sérgio, o grupo do desencarne encaminha-se agora para a casa de um dos seus amigos.

— Quê? Onde?

Ele não me respondeu, mas eu o segui, preocupado. A casa humilde recebia proteção especial pois a dona, muito enfraquecida e sem os devidos cuidados, estava acelerando o seu desencarne. Seus fluidos vitais se esvaíam rapidamente. Mesmo assim, recebia dos encarregados espirituais as atenções necessárias.

— Não há um meio de avisá-la, sendo ela espírita?

— Não. A cada um foi dado a sua própria consciência.

Ali ficamos tentando prolongar a existência da nossa amiga na terra mas, muito nervosa, ela se deixava envolver com todos os desequilibrados da família. Apreensivos, presenciamos o desentendimento com um dos filhos. Com isso, acelerou-se-lhe a corrente sangüínea e o coração doente não agüentou. Vimo-la tombar à nossa frente, sem meios para ajudá-la. Os encarregados lhe prestaram ajuda, porém, no momento em que se alterou o sistema circulatório, já se iniciara a morte de algumas das células, principalmente as nervosas, e assim chegou o desencarne. Nossa amiga se via ora lúcida, no plano físico, ora vislumbrando o mundo espiritual. E, assim, muitas vezes me pediu socorro. Segurando suas mãos, esperei-a com carinho. Quando o laço se rompeu, ela respirou, contente. Apenas uma preocupação a dominava: a de que ninguém devia sentir-se culpado. A morte não é o fim e sim o começo de uma nova vida. Mesmo desligada, nossa irmã não queria ser socorrida, isto é, ser levada para um hospital. Queria ainda dizer tantas coisas aos filhos... para não se separarem, para se respeitarem. Tudo o que não conseguiu fazer no corpo físico, desejava fazer agora. Em momento muito emocionante, uma velhinha simpática estendeu-lhe a mão, orientando:

— Filha, siga Jesus e não olhe para trás. Se nesses anos todos você não conseguiu guiá-los, não será agora que irá fazê-lo, recorde que hoje eles nem a enxergam mais. Depois, os filhos não são nossos, a cada um Deus deu o direito de escolher o seu caminho. Vamos orar para que façam uma boa escolha.

Chorando, nossa irmã abraçava sua velha mãe e foi aí que irmã Scheilla entrou, acompanhada de várias crianças, cantando o Hino da Caridade. Apesar de ter sido pobre, aquela senhora jamais deixara de ofertar o seu óbolo de viúva. Das suas mãos saíram inúmeras peças em direção aos pobres. Quando ela percebeu a nossa irmã Scheilla, não se conteve, chorou muito, dizendo:

— Ah! Se eu pudesse contar para os meninos o que estou vendo, que maravilha!

Uma das crianças entregou-lhe uma rosa branca, dando-lhe as boas-vindas. Só então, ela abandonou o corpo físico e dele se viu distante. Maria, naquele momento, esqueceu as preocupações do seu lar e enfrentou a realidade com uma doce atitude:

— Irmã, aqui eu vou trabalhar mais, pois não tenho casa para me ocupar.

— É isso mesmo, aqui só temos uma casa, a do Senhor, e nela mora a esperança. Não se aflija, os que ficaram terão de prosseguir. Esperemos que o façam junto com Cristo e que as discussões não voltem ao seu lar; que cada um saiba respeitar a sua ausência, que todos busquem na fé a reforma de seus espíritos agitados; que o bom exemplo seja o cartão de visita de cada um e que as palavras, principalmente quando duras e desequilibradas, morram em seus lábios; que a lição dada pela vida não seja em vão. A cada um foi dada a oportunidade de fazer o que deseja mas ninguém tem o direito de ser duro e violento. A irmã era muito nervosa e isso dificultou a sua passagem pela terra. As pessoas nervosas e agitadas queimam demais os seus fluidos e desgastam as suas células, prematuramente.

A irmã adormeceu enquanto o coro de crianças cantava. O nosso grupo foi-se retirando. Nada mais a fazer, somente esperar que Maria se recuperasse totalmente e voltasse ao trabalho.

Outro chamado. Meu grupo dirigiu-se a um lar onde um jovem casal vivia com dois filhos, um de treze e uma menina de onze anos. Casa confortável, filhos sadios. Chegamos de manhã. Cada um se levantou e nem um bom-dia foi dado para Deus e Jesus. Naquela casa só Mamom era o mestre. Desde cedo o assunto foi dinheiro. Ficamos olhando em silêncio.

— Quem vai desencarnar? perguntei depois de algum tempo a Patrice.

— Ninguém, mas se essas crianças continuarem com o excesso de libertade que têm, logo o casal ficará sozinho.

O garoto de treze anos foi à garagem tirar o carro, sob os risos dos pais. Garoto muito precoce ... O carro parecia um pudim, indo de um lado para outro. A menina, de onze anos, usava uma saia curtíssima, já penteada e vestida como adulta.

— Será que não percebem que os filhos estão crescendo antes do tempo? Que esta menina aos treze anos vai estar namorando livremente e sem condição de compreender uma relação homem-mulher? perguntei.

— Mas é essa a educação que os pais julgam ser a certa: moderna, livre e sem neurose.

Patrice, observando a garota de lábios pintados, brincos enormes, falou-me:

— Ela nem parece ter onze anos.

Pedi para acompanhá-la até o colégio. Lá, conheci uma nova vida, a vida das crianças de hoje. O assunto era a Aids e o homossexualismo, tema rotineiro; nada choca esta geração. Vi crianças tão adultas, tão sem sonhos! A garota com vários namorados, e que namoro!... já iniciara a fumar não só o cigarro comum, como também o baseado. Por que não? É ficar na onda ... Ninguém pode imaginar o assunto dessas meninas, que não falam do estudo nem da política, só de droga e sexo.

Dali saímos desiludidos, indagando-nos o que será do amanhã com jovens tão doentes. Aproximamo-nos do garoto. Ele era líder do seu grupo. Os assuntos: motoca, carro, mulher, cavalo-de-pau, pega e droga. Esses caras não se preocupam com o futuro? Não pensam em estudar, trabalhar, namorar? Não, para eles o importante é viver o hoje. O garoto, que aqui chamarei de Carlos, estava convidando os colegas para andar em sua moto e os outros o olhavam com admiração. "Pai bom é o de Carlos, que deu uma moto ao filho!" pensavam. Não sabiam eles que o pai de Carlos propiciara ao filho sua entrada para o túnel da dor. Embora recebendo tudo dos pais, era nervoso, insatisfeito e infeliz, algo lhe faltava.

Isso mesmo, ninguém é feliz sem uma realização. Distantes de Deus somos vermes sem amanhã. Garotos de onze, doze, treze e quatorze anos ali se encontravam à minha frente. Senti vontade de abraçá-los bem forte, desejando protegê-los, tirá-los desse mundo de sonhos, dar-lhes evangelização, mostrar-lhes que tudo passa nesse mundo físico, só ficando em nós as recordações e, queira Deus, jamais remorsos.

Carlos e Jeane ali permaneceram, mas em minha lembrança ficaram gravadas as atitudes de um casal sem o mínimo preparo para a educação familiar. Os pais precisam conquistar os filhos, porém não atráves do dinheiro, que não é tudo. Aquele casal logo ficaria sozinho, pois seus filhos estavam crescendo rápido demais.

Já me encontrava em outro trabalho, quando fui chamado. Algo trágico acontecera. Carlos agonizava. Pegara o carro do pai e sofrera um acidente. O pai culpava Deus. O seu único filho ali jazia, colhido pela própria imprudência, ao conduzir o carro que aprendera a dirigir incentivado pelo pai. Este não tivera o bom-senso de fazê-lo respeitar as leis. Agora, ali gemia com remorso. É muito lindo ter filhos precoces, mais bonito, porém, é o pai que ensina o filho a viver em sociedade, cujas leis devem ser obedecidas. Com a agonia de Carlos também desaparecia a alegria de seus pais. Aquela criança de treze anos tinha uma programação para viver até os setenta e cinco. Quantos anos jogados fora só porque os pais fracassaram!

Meu Deus, o que está acontecendo com as famílias? Por que os pais não querem mais ter o trabalho de educar os filhos? Por que não conversam com suas crianças? Por se sentirem tão sozinhas, vivem elas à procura de fortes emoções.

Capítulo XIII

ÓRFÃOS DE PAIS VIVOS

Cada homem recebe de Deus um pedaço de terra e feliz daquele que a cultivar com desvelo, fazendo nela florescer um jardim de amor. O homem que plantar espinhos e pedras terá de colher desespero.

Convivendo com os amigos do Departamento do Desencarne, tive inúmeras oportunidades de constatar que o homem brinca com a vida. Ele não busca as verdades que o cercam nem avalia a beleza do seu corpo físico, este maquinismo que funciona harmoniosamente, obra exclusiva de Deus. Se ele percebesse tudo isso, sentiria a fragilidade física e cuidaria mais do seu espírito imortal. Mas ele faz o contrário: abusa do corpo físico e mutila o espírito, através de atos indignos ou mesmo alimentando o orgulho, a vaidade e a avareza. Se estudássemos o nosso corpo, veríamos que ele pode deixar de funcionar de um momento para outro, mas a luz pensante, que é a alma, estará sempre acesa. O corpo veio do corpo, a alma veio de Deus.

A caravana com a qual hoje trabalho luta muitas vezes para prolongar a vida no corpo físico, porém o próprio homem apressa, por ignorância, o seu fim. Achando que os filhos precisam de condução, muitos pais entregam as chaves dos seus carros para eles, concorrendo, com isso, para o fracasso de um homem que, desde cedo, é incentivado a desrespeitar a lei, já que esta não permite que menor dirija qualquer veículo. Vemos avós ensinando os netos, em tenra idade, a dirigir. A criança que aprende com os adultos a não respeitar as leis viverá sempre revoltada com a sociedade, que nos cobra um comportamento digno. Desde a infância ela deve ser guiada com honestidade. Os bons exemplos dos pais serão a força dos seus passos. Fala-se demais dos jovens, entretanto eles estão alcançando a adolescência muito sozinhos. Mesmo cercadas de conforto, as crianças estão entregues a si mesmas. Com os pais trabalhando para o sustento da casa, porque a situação não está fácil, elas são obrigadas a freqüentar creches na mais tenra idade. A creche dá à criança uma disciplina de vida, mas muitos pais abusam quando pedem às educadoras que fiquem com seus filhos no sábado e no domingo para que possam passear. Essas crianças serão os futuros neuróticos. A solidão lhes faz companhia desde pequenas. Volto a dizer: a creche ajuda muito, mas são os pais que, sem preparo para receberem os filhos, não completam a disciplina lá exigida. E assim, a criança, ao chegar à casa, quebra objetos e fica insubordinado, tudo fazendo para chamar a atenção dos pais desatenciosos.

Acompanhamos Laurinho, um belo garoto de três anos, o segundo filho de um casal. Laurinho já foi recebido em sua casa como intruso, pois os pais queriam uma menina. Todos os dias, muito feliz, preparava-se para ir a escola e lá, junto aos coleguinhas, se divertia, mas na hora de voltar para casa chorava muito. A educadora, preocupada, perguntou à mãe qual era o procedimento do menino em casa. Ela prontamente respondeu:

— Ele é uma fera, morde o irmão mais velho, quebra tudo, é um demônio esse garoto!

A educadora disse-lhe que algo devia estar errado, já que Laurinho era outro na creche.

— Mas eu o educo com boas chineladas.

Ali estava a resposta: Laurinho tudo fazia para chamar a atenção dos pais, que caíam de amores pelo filho mais velho. E a rebeldia foi a sua reação. Ficamos alguns dias acompanhando o trabalho daquela creche e a vida do garoto sem que eu atinasse com o motivo, mas me calara. Enquanto Laurinho dormia, fazíamos a doutrinação do seu espírito e dos seus pais. Deleuze tinha pelo garoto muito amor.

Um dia, Laurinho amanheceu febril. A mãe, aborrecida, não sabia o que fazer, pois ele, doente, não deveria ir à creche. Quanto a deixá-lo com a empregada, esta não suportaria suas peraltices. Não ir trabalhar para ficar com o filho era demais para Luciene! Achou melhor tentar a creche e lá se foi com Laurinho. A educadora tratou dele em sala separada, mas naquela manhã mesmo avisou a mãe de que o garoto piorava. A jovem senhora, acreditando que era mais uma do levado filho, só apareceu para buscá-lo na hora regulamentar. Laurinho, muito quieto, nem queria conversar, logo ele, que era tão falante. Passou a noite. Muitas vezes chorou e foi repreendido.

Pela manhã, quando o pai foi acordar Laurinho para levá-lo à creche, viu que ele fora colhido pelo desencarne. Ficou desesperado e a mãe quase enlouqueceu. Julgaram que a criança, colocada por Deus naquele lar, era um brinquedo sem alma. Eles mataram o filho pela indiferença. Enquanto estava sendo examinado pelos médicos terrenos, recordava-me de Laurinho chegando à casa e muitas vezes dormindo com fome, pois a mãe dizia não ter tempo para lhe fazer um bom jantar ou um bom lanche, dava-lhe um refrigerante, alguns biscoitos, pão e o mandava para a cama.

Muitos Laurinhos existem por aí, precisando de amor, órfãos de pais vivos. Acho que precisam ser criadas escolas nas quais os pais sejam educados a fim de receberem filhos. É muita responsabilidade vir de Deus um ser e você o modelar com as suas neuroses. Os pais não são donos dos filhos, são mestres, e se não os educarem sofrerão as conseqüências. Casos como este de Laurinho existem aos montes, culpa das mães e dos pais coniventes que têm preguiça de criar seus filhos. Não é só na classe pobre que se vê criança suja e maltrapilha. Nas classes média e rica as crianças também são mal cuidadas.Cada mãe devia fazer curso para aprender a cuidar dos filhos, porque muitas não estão sabendo fazê-lo. Quem trabalha em creche conhece o problema dos pais indiferentes. Ainda bem que existem educadores que tudo fazem para oferecer um pouco de felicidade às crianças.

— Sérgio, nunca tinha visto tantas crianças mal cuidadas! exclamou Patrice. Fiquei abismada em constatar que muitos casais gostam de deixar os pequenos fora de casa, até nos sábados e domingos. É, Sérgio, os lírios estão precisando do sol divino para continuar a sonhar com uma bela manhã. E os pais de Laurinho, como estão?

— Desesperados de remorsos. Queira Deus que eles não matem o outro filho fazendo o contrário, sufocando-o de cuidados, queira Deus.

Capítulo XIV

RESPEITEM AQUELES QUE PARTEM

Procurando esquecer o que presenciei, juntei-me aos outros irmãos.

— Sérgio, falou-me Deleuze, o que viste hoje é muito corriqueiro, há inúmeros casos semelhantes. Pensam alguns pais que criança só precisa de alimento para sobreviver, entretanto, temos socorrido bebês desnutridos e mal cuidados fisicamente, com assaduras e micoses.

— Tem razão. Preocupado com os jovens viciados, eu precisava mesmo inteirar-me da vida das crianças, mas, ao descobrir o seu mundo, defrontei-me com duras realidades. O mundo infantil não é tão belo quanto se julga. Nele já estão presentes o abandono, a violência e a falta de amor. Mães irritadas descarregam por nada suas neuroses sobre os filhos e os pais não querem ser incomodados. Ninguém pode imaginar o que presenciamos. Como existem crianças abandonadas dentro de lares confortáveis!...

Dali nos dirigimos a uma clínica onde um senhor esperava a hora do seu desencarne. Ao lado de Jaime, alguns de seus filhos. Já bem mal, ele relutava em deixar o corpo físico, pois precisava ainda assinar alguns documentos. Vi o desespero no seu olhar, principalmente quando um dos filhos, que aqui chamaremos de Celso, reclamou dos gastos com o pai:

— Não sei por que vocês teimam em prolongar a vida de papai.

— Celso, papai trabalhou demais e é justo que ele seja bem tratado — respondeu Mara, a irmã.

— Vocês estão jogando dinheiro fora — retrucou Celso.

Enquanto discutiam sobre dinheiro, o nosso amigo Jaime, agonizante, sofria por constatar a falta de amor de seus filhos.

— Papai devia ter dividido tudo! continuou Celso.

— Cala-te, imbecil, respeita o corpo do velho! sussurrou, contrariado, um outro irmão.

— É, você sempre se deu bem, vivia na pior e o velho sempre lhe ajudava, agora não pense que vai entrar com o seu prestígio. Amanhã mesmo já vou lutar pelos meus direitos — ameaçou Celso.

Eles não notaram que dos olhos de Jaime as lágrimas rolaram por ter percebido que havia criado monstros. Sim, monstros, filhos que não respeitam os pais velhos e doentes, e depois, ninguém deve ficar à espera de herança. Os pais trabalharam e o dinheiro a eles pertence, quem desejar enriquecer que trabalhe.

Os encarregados espirituais tentavam adormecê-lo mas ele buscava as mãos da velha companheira, tentando dizer que se cuidasse, senão ficaria sem recursos, pois os filhos não eram amigos de ninguém.

Olhava com interesse o tratamento espiritual ali realizado quando uma simpática senhora, aproximando-se, falou-me:

— Jaime é culpado pelo comportamento dos filhos. Criou-os dando muito valor ao dinheiro. Sempre dizia que só a riqueza engrandece o homem. Aos filhos não ofereceu exemplos de caridade, desde pequenos só ouviam falar em ganhar dinheiro.

Vendo-me meio assustado, ela explicou:

— Sou a mãe de Jaime. Ele esqueceu a família ao ficar bem de situação. Os irmãos, ele ignorou, agora está sofrendo. Nas suas lembranças surgem os pais, os avós, os irmãos, enfim, seus piores anos de vida. O remorso lhe beija a alma, hoje bastante sofrida diante de filhos tão insensíveis.

— Mas nada justifica as palavras duras dos filhos, irmã.

— Não estou de acordo com eles. Sofro por Jaime, porém, foi ele quem ajudou os filhos a pensar só em enriquecer, e dinheiro é apenas um meio de vida, não a razão de viver. A moeda serve para alimentar o corpo e vesti-lo, contudo, precisamos muito mais do alimento do espírito, que é a fé.

Ela correu para perto do filho que piorava e lhe beijou as mãos. Ao percebê-la, assustou-se, ela era a presença da morte, mas logo serenou. Quando os médicos do desencarne deram o passe final, Jaime foi desprendendo-se da matéria. O seu duplo pairava sobre o seu corpo físico, e o seu perispírito, a veste do espírito, ia afastando-se dos velhos e cansados companheiros — seus corpos. Aquele quadro mostrava-me Jaime amparado por médicos e enfermeiros do mundo espiritual, enquanto os do mundo físico diziam: "nada mais a fazer". Aí olhei para trás, pois já me retirava. A família, agora, lamentava o desencarne, aos gritos, principalmente os filhos que só ambicionavam a herança.

— Gente é bicho complicado, não é mesmo, Deleuze?

— Sim, Sérgio, gente é um complicado animal cujas reações são surpreendentes. Tudo em nossas vidas é interessante. O bebê nasce, é registrado como cidadão, inicia a sua escalada física, até o dia em que cumpre sua tarefa, abandona a terra e deixa de existir no campo físico; apaga o seu nome dos livros dos cartórios e desaparece da vida social, fazendo a viagem da vida para a "morte". Não sei como ainda existe materialista se todos os dias os passageiros estão partindo, a despeito de todos os modernos tratamentos. Nada: dinheiro, posição social, absolutamente nada retém um espírito no corpo físico quando soa a hora da partida. Por que o homem é tão orgulhoso? Quantos homens matam por dinheiro, quando a vida é tão curta!...

A casa mental de Jaime ainda oscilava entre o mundo espiritual e o mundo físico. Perguntaram-me se eu ali ficaria para narrar aos meus leitores.

— Não, respondi. Para quê? Sei que os filhos ainda vão aprontar, não respeitando o corpo do pai. Para mim, o momento do enterro é tão importante para o espírito como o nascimento de uma criança. Não se concebe, nessa hora, comentários desagradáveis sobre o "morto" nem o que o levou ao desencarne. Quero apenas presenciar Deus colhendo os lírios do jardim de Jesus. A Terra é o jardim do Mestre e nós somos os lírios que precisam ser colhidos para deixarmos de ter os pés no lodo. Nascendo e morrendo vamos ficando puros e belos como os lírios divinos.

Capítulo XV

A RESPONSABILIDADE DO MÉDIUM

Para ocupar uma elevada posição diante dos homens, Deus escolhe obreiros que devem assumir posição humilde perante a Humanidade. O mais humilde dos obreiros é o preferido de Deus. Aqueles que exaltam a si mesmos, o Senhor faz com que sejam postos de lado. Deus não precisa dos orgulhosos, pois Sua obra não se detém por causa do afastamento deles, ao contrário, vai para frente com maior força. A seara é grande, pequeno, entretanto, é o número dos que atuam lado a lado com Jesus.

Estava meditando diante de um grupo de médiuns. Falavam sobre mediunidade e cada um enaltecia o seu próprio dom. Uma jovem contava os seus sucessos, outros os seus, e nós, os espíritos que aguardavam a hora do trabalho, presenciávamos um fato desagradável no Espiritismo: o médium vaidoso. O mais eloqüente orgulhava-se das últimas mensagens recebidas, todas elas de recém-desencarnados. Terminada a conversa, impressionados com aquele bate-papo, resolvemos acompanhar Clotilde e, para surpresa nossa, ficamos sabendo que ela sonhava em se tornar médium famosa e para isso nada melhor do que receber mensagem daqueles que partiram deixando suas famílias desesperadas. Clotilde não tinha critério algum, apenas levada pelo entusiasmo pensava estar ajudando e muitas vezes causava muitas dores. Vários fatos constatamos: o "morto" não tinha ainda se desligado do corpo físico e a nossa amiga já dava notícias dele. Insisto nesse assunto, porque estamos preocupados com o rumo que está tomando a mediunidade. Um bom médium faz passar pelo crivo da razão todas as mensagens que recebe, não tendo tempo de correr atrás daqueles que partiram pedindo mensagem para os que ficaram. Existem médiuns que vão até a casa dos familiares, sofridos pelas saudades, dar notícias ainda mais tristes, até a dizer que o "morto" está nos umbrais. Isso não se faz, amigos. Deus, ao selar com a chave do silêncio muitos fatos da vida espiritual, sabia que a língua é fraca e o homem falível.

Acompanhei Clotilde porque há vários dias fui chamado para prestar ajuda a um lírio colhido — um menino de treze anos que, bricando com seu colega, fora alvejado com um tiro, acidente que deixou a família traumatizada. O saudável garoto, que irradiava alegria, jazia ali no caixão, frio, inerte. Seu espírito, criado sem nenhuma religião, teimava em ficar ao lado dos famíliares, chorando muito. Fizemo-lo compreender que encarnados e desencarnados possuem responsabilidades distintas e não podem misturá-las; que o mundo físico é lindo, mas nós, que já estamos do lado de cá, não podemos nele viver e nem os encarnados ficarem junto a nós, no mundo espiritual. Clóvis deu um pouco de trabalho, mas logo compreendeu que muito tinha de aprender no mundo que ele encontrou.

Entretanto, Clotilde, que conhecia os pais do garoto, iniciou uma série de notícias: "Clóvis sofre de saudade; Clóvis está perturbando um dos irmãos; Clóvis fora assassinado pelo homem que tirara a vida em outra encarnação". Assim, as mais absurdas notícias eram transmitidas à família, que estava ficando com raiva do Espiritismo, porque não tinha capacidade para compreender os loucos recados sobre seu filho. Certo dia, Clotilde pediu aos pais para dar as roupas e todos os pertences do jovem; só assim ele teria paz. Até que um grupo do Departamento de Notícias deu um basta: fez chegar às mãos da família uma mensagem de amor e paz, um lenço branco de verdades que secou aqueles olhos marejados de lágrimas. Clotilde encerrou, com aquela família, o seu rosário de fanatismo religioso.

Muitas Clotildes estão por aí, portanto, a melhor mensagem é a da caridade. Os familiares devem procurar nas sarjetas da vida um meio de mandar as suas mensagens de amor. A criança que recebe um alimento é o melhor porta-voz para seu ente querido que partiu. Para reconhecer o bom médium é só buscá-lo através da conduta. Um médium com Jesus não vive procurando seus clientes nem distribui receita em praça pública. Assim como o bom médico tem uma vida repleta de trabalho e não pode viver à cata de pacientes, da mesma forma o bom médium: ele não sai à procura das pessoas para ditar mensagens, pois não tem tempo a perder em conversas vãs.

Portanto, amigos médiuns, vamos recordar a época de Moisés, quando a mediunidade foi proibida pelos abusos que ocorriam em nome dos espíritos. Jesus, conversando com Elias e Moisés no Tabor e logo no caminho de Emaús, anulou a proibição e veio a Doutrina, ensinando que o dom mediúnico é uma benção, mas que ninguém deve dele abusar; que o bom médium é perfume de flor rara e não alto-falante de esquina. Vamos, médiuns, falar pouco e trabalhar mais, tendo cuidado com o nome dos espíritos. Jesus foi muito explícito quando nos alertou para respeitarmos o Espírito Santo. Os espíritos só têm a Doutrina para defendê-los, o que dá ao médium a elucidação de passar pelo crivo do bom senso as mensagens recebidas. Cuidado, amigos, não queiram apenas receber espírito, vamos primeiro educar o nosso. Não percamos a oportunidade, quem sabe fomos chamados ao Espiritismo para nos evangelizar? Na ânsia de ajudar o próximo podemos comprometer-nos seriamente, não só a nós mesmos, como à límpida Doutrina Espírita. Vamos, dirigentes de grupos, alertar os médiuns para que eles não caiam no ridículo. É muito triste presenciarmos senhoras e senhores dando espetáculos gratuitos apenas para satisfazerem a própria vaidade.

Quando voltei da casa de Clotilde, Deleuze me perguntou:

— E você, Sérgio, ficou sabendo por que Clóvis desencarnou? Por que o menino Carlos foi o autor do disparo, quando eram tão amigos?

— Deleuze, confesso que não resisti e, procurando saber a causa, constatei que Clóvis foi mais uma vítima da negligência dos adultos, que não só possuem arma de fogo em casa, como a deixam ao alcance das crianças. Muitos pais, desejando que os filhos fiquem homens cedo, ensinam a atirar e a criança tem fascínio por armas de fogo, que são perigosíssimas.

— Então Clóvis não pagou uma conta atrasada? perguntou Deleuze.

— Não, Clóvis jamais havia atingido Carlos, eles sempre foram amigos.

— E agora, Carlos contrairá um sério compromisso?

— Sim, mas um compromisso, não um carma, que teria de pagar olho por olho ou dente por dente. O que vai acontecer é eles voltarem juntos e percorrerem as estradas da vida lutando, e lutando muito, pela felicidade mútua. Carlos e Clóvis podem voltar juntos e almejarem a vitória de um determinado empreendimento e muitas vezes sentirem a derrota. Eles retornarão, mas não para atirar um no outro.

— E no Departamento, como fica a situação de Clóvis, que teria de desencarnar com setenta anos? inquiriu Patrice.

— Voltará logo, é só o tempo de limpar a sua casa mental. Ele será neto de seus pais, completando o livro de sua vida. Já encarnado, entretanto, escutará a triste história da sua última existência.

— Bendita a reencarnação, bendita oportunidade de vida, bendita! exultou Patrice.

De volta ao meu quarto, abri o Antigo Testamento, *Eclesiástico*, e encontrei no Capítulo 48, versículos de 9 a 11:

9 — *Tu, que foste arrebatado ao céu em redemoinho de fogo, em carroça tirada por cavalos ardentes.* 10 — *Tu, de quem está escrito que no tempo do julgamento virás para abrandar a ira do Senhor: para reconciliar o coração dos pais com os filhos e para restabelecer as tribos de Jacó* — 11 — *Bem aventurados os que te viram e que foram honrados na tua amizade.*

Nesta passagem, onde está bem clara a reencarnação, pude também perceber que o versículo dez aplica a Elias a profecia de Malaquias, Capítulo 4, versículos 5 e 6, que no Novo Testamento é aplicada a João Batista, apresentado pelo anjo como aquele que haveria de viver no espírito e com o poder de Elias.

Jesus disse que João era o Elias esperado. Fiquei a meditar: "o maior cego é aquele que não quer enxergar. Não foram os espíritas que criaram a reencarnação, ela está nas Escrituras". E quem duvidar, busque este trecho do Antigo Testamento, muito claro, quando se refere a João como sendo o Elias prometido. A sua volta na figura de João Batista é tão viva e real! No final do Livro de Malaquias só falta a palavra "reencarnação". Seria mais fácil para o homem compreendê-la, pois apenas ela oferece consolo àqueles que ficam e luz para aqueles que partem. A reencarnação é a operação que sofremos para sobreviver além da vida. Jacó, um espírito amigo, diz: "eu a considero a plástica divina".

Diante da reencarnação nós compreendemos o porquê de tantos sofrimentos, só ela nos dá a resposta; assim, os lírios são colhidos e replantados neste belo jardim de Jesus, mas eles estão morrendo de maneira muito triste, pelo suicídio, por falta da água do Evangelho. Em muitos lares os lírios estão murchando e somente sobreviverão se amparados pelo sol divino. Tendo a raiz no lodo de terra, o espírito necessita estar ligado com o Alto, de outra maneira logo lhe faltará fôlego para viver em paz. Precisam os pais urgentemente conscientizar-se de dar aos filhos educação, a fim de que não sejam transportados para um outro mundo sem preparo algum e chorem de remorso pelas oportunidades perdidas.

Se Elias voltou na pessoa de João Batista, por que não crer que amanhã estaremos de volta com outro nome? E queira Deus retornemos com poucas contas a pagar. O importante é começar agora, amanhã será outro dia e não sabemos se estaremos dispostos. Hoje é hoje, o que importa é que nós estamos vivos e devemos dar graças ao Senhor por Ele nos ter confiado uma missão de amor: a vida. Ela é nossa, só nós podemos embelezá-la ou deformá-la, só nós.

Capítulo XVI

NO CONGELAMENTO DOS CORPOS, A ILUSÃO

Sempre que volto à Colonia onde moro procuro olhar ao meu redor para sentir a beleza da natureza e, feliz, busco a companhia das flores e dos pássaros. Olhando tudo sinto o quanto Deus é bom.

A maioria dos encarnados, por julgar que a morte é o fim da estrada, não se preocupa em agir corretamente e se auto-destrói. E a vida é contínua, um rio de oportunidades cujas águas um dia chegarão a Deus. Até lá, temos por obrigação nos tornarmos puros. Muitos, vivendo somente o hoje por julgarem que no amanhã só existe o nada, não preparam uma bagagem digna. Quando chega a "morte", o espírito, completamente perturbado, se sente muito infeliz, não se conforma com a realidade do mundo espiritual e só pensa em viver junto aos encarnados, não percebendo o mal que faz a si próprio. Nisso Joana aproximou-se de mim:

— Sérgio, por que a preocupação?

— Encontrava-me somente pensando como pode um homem não aceitar a imortalidade da alma. Quem assim pensa não crê em Deus, apenas recita o Seu nome em vão. Se Deus destruísse as Suas obras Ele não seria perfeito, portanto, não possuiria bondade. E quantos que se dizem crentes nas Suas palavras esperam a hora do descanso eterno.

— Mas é difícil, Sérgio, para muitos, buscar as verdades do mundo espiritual, principalmente os que no corpo físico só pensaram em se divertir. Não é fácil para o orgulhoso imaginar que depois da morte terá de viver ao lado dos pobres que desprezou e muitas vezes labutar por uma ocupação, quase sempre bem longe daquela que gostaria de exercer. Esta semana fomos socorrer um irmão que quando encarnado foi reverenciado pelo equilíbrio e pela inteligência. O seu espírito, ao constatar que se desprendia da matéria, procurava ao seu redor a razão de se manter ainda vivo. Apesar de ter lido alguns livros sobre a morte, ele a tudo examinava e, ao perceber que do lado espiritual os equipamentos médicos eram quase iguais aos do mundo físico, curioso ficou em conhecer o outro lado da vida. Quando seus familiares vieram dar-lhe as boas-vindas, ele, chorando muito, disse ao pai:

— Por que não se aprende sobre a morte nas salas de aula? Evitaria que o homem errasse tanto. Foram poucos os anos vividos na terra e não sei se os vivi dignamente.

— Meu filho, agora somente sua consciência responderá. Espero que ela não se torne juiz por demais severo.

Aquele espírito, mesmo sendo levado na maca, tinha no olhar a indagação e nos gestos as atitudes de um homem público. Depois de socorrido, pouco tínhamos para fazer ali. Os familiares já esperavam o desencarne, portanto, podíamos retirar-nos, e quando o fazíamos vimos aproximar-se do recém-desencarnado o espírito de uma mulher que ainda tinha a aparência de preta velha. O nosso amigo, ao reconhecê-la, chorou muito, abraçado a ela, que carinhosamente o amparou nos braços. Era o reencontro num mundo onde todos somos socialmente iguais, só havendo a separação por vibração magnética.

Não é Deus quem nos manda para o “inferno” ou o “purgatório”, mas a nossa consciência, que nos coloca no lugar apropriado às nossas lembranças. Um homem sem caráter não pode ficar ao lado de um que viveu na justiça. Um caridoso não pode viver com alguém que só amou a usura. O famoso irmão foi socorrido, mas não podemos assegurar onde será a sua morada, pois não sabemos o que ele tem depositado no banco da providência divina. Se ele deve muito, terá de trabalhar primeiro em tarefas bem simples para aprender a conviver com a humildade. Mas também pode o irmão ter uma boa cota de belas ações, que o colocará ao lado dos trabalhadores deste País tão amado, junto aos espíritos encarregados de fazer brilhar a estrela de Jesus na pátria brasileira.

Joana foi-se retirando e eu, que não tinha assistido a este socorro, senti-me gratificado pela visita da minha querida irmã. Assim, nós dois, conversando e apreciando a natureza, que é velada por Deus, fomos ao encontro de Deleuze, Edouard e Patrice.

"Muitos dos lírios colhidos na terra trazem ainda nos pés o lodo da imperfeição". Pensando isso, dirigimo-nos a um hospital da espiritualidade, onde vários recém-desencarnados estavam sendo tratados.

O hospital, em formato redondo, era circundado por palmeiras. Muitos olhos d'água enfeitavam o jardim, onde a cor azul predominava, apesar do prédio ser pintado de branco. Até as hortências, cravos e rosas me pareciam azulados.

Na portaria, fomos recebidos por Sillos, que conversou muito com Deleuze. A sala de espera apresentava em suas paredes vários quadros de pessoas que nunca vi, verdadeiras obras de arte. Dada a permissão, entramos em um pátio redondo onde uma fonte de águas claras e coloridas borrifava os doentes que ali se encontravam na grama ou nos bancos. Já me impacientava, por não saber o motivo pelo qual ali nos encontrávamos, quando avistamos a doutora Matilde. Muito gentil, convidou-nos para uma visita às enfermarias do Hospital de Lucas.

Eram poucas as camas na enfermaria número um, e nelas dormiam espíritos que davam a aparência de mumificados. Aproximamo-nos. Através da doutora Matilde e outro médico ali encontrado - o doutor Sabá - ficamos sabendo que aqueles irmãos tinham os corpos congelados na terra. Julgavam-se mortos, apesar do tratamento que vinham recebendo. A cama me pareceu aquecida por várias lâmpadas: ora acendia a azul, ora outro tom de azul, depois a cor de rosa, em seguida voltava a azul. Logo após uma lâmpada amarela acendeu no centro cardíaco. Finalmente, voltou a azul. Os espíritos em sono profundo, pareciam "mortos", porque ignoravam qualquer presença. Passamos pelas camas e observamos todos a dormir um bom sono. Joana comentou:

— Até que deve ser bom a gente desencarnar assim, não é mesmo?

— Eu é que não queria esse desencarne, perda de tempo, e depois, acredito que esses espíritos devem estar sentindo um frio louco. E se fosse na terra e faltasse luz? brinquei.

Edouard, que estava perto de nós dois, sorriu, dizendo:

— Talvez assim voltassem à realidade.

— Eles desencarnaram na Sibéria?

— Não, congelaram seus corpos para a volta do espírito.

— É mesmo? Coitados, esperam com isso driblar a morte?

— Mais ou menos.

— E os que tomavam sol no jardim?

— São os convalescentes, logo estarão trabalhando.

— Mas dizem que existem muitos que nem desencarnaram ainda. E como se encontram aqui?

— Não sabemos disso. Os que socorremos já desencarnaram. Mas tinham tanta certeza de que não iriam desencarnar que até hoje se julgam congelados.

— Gente tem cada mania...

— Existem propagandas para o congelamento.

— É, o freezer está fazendo sucesso. Não só perus, porcos e galinhas, mas os corpos humanos também estão sendo nele guardados. Sabe, Deleuze, eu senti imensa vontade de tocar naqueles corpos, mas ao me aproximar de um deles senti tanto frio!

Deleuze sorriu, dizendo-me:

— Por isso eles estão no Hospital de Lucas, se não fossem socorridos sofreriam muito mais.

— Gostaria de voltar ao jardim.

— Vamos, lá recuperaremos as energias que dispersamos aqui, junto a esses irmãos.

Ao retornarmos ao jardim, procurei reconhecer alguns dos convalescentes, mas a brisa, o perfume, o sol, o orvalho, tudo era tão digno que a curiosidade se dissipou e eu apenas baixei a cabeça, orando a Deus:

Senhor, eu não sou digno de entrar em Sua casa, mas faça com que meu espírito seja salvo junto àqueles que se distanciaram do Seu coração. Assim seja.

Capítulo XVII

CORAÇÕES TREVOSOS DE ÓDIO

Minha vida é pontilhada de grandes surpresas, fatos que muito marcaram meu espírito, dando-me a certeza da bondade divina. Devo muito aos meus companheiros, amigos queridos que seguraram as minhas mãos nos momentos em que os meus passos resvalaram no caminho da saudade.

Todos os dias são importantes em nossas vidas. Infeliz daquele que deixa em vão algumas horas do dia, talvez jamais tenha tempo de reencontrá-las. Digo sempre: o importante da vida é dar valor a ela e só acreditando em Deus é que respeitamos a nós mesmos. O homem sem fé não procura viver bem, joga fora, através da ira, da ganância e da maledicência, os seus preciosos momentos. A fé é o sustentáculo da vida, ela tira o argueiro dos nossos olhos e então passamos a ser severos conosco mesmos e brandos e pacíficos para com o nosso próximo.

O homem que procura o porquê da vida descobre o quanto é frágil o seu corpo físico e extremamente valiosa a sua alma. Nessa descoberta, ele inicia a valorização da alma, regando-a com a água da prece, adquirindo paciência, amor, humildade, desprendimento e caridade. Assim, ele alcança Deus e se sente na obrigação de tornar-se filho obediente. Descobre que um dia Deus lhe ofertou a vida e que, por mais que tente destruí-la, jamais o conseguirá. A eternidade existe nas coisas divinas e a alma é uma delas.

Fico horas meditando sobre a Inteligência Divina e na Sua bondade. Como Deus ama os Seus filhos! Somente quem ama oferece tanta liberdade. O homem que não crê na grandeza de Deus não parou para pensar em si próprio, na perfeição do seu corpo físico, que cientista algum consegue fabricar um igual; na natureza, que tanto oferece aos homens, e que bastaria um só sopro de Deus para sentir o quanto dela necessita.

Não adianta os mais poderosos desejarem driblar a morte, inventando métodos absurdos que só mesmo mentes sem fé podem imaginar obter sucesso. O pobre, o rico, todos eles terão de devolver à terra o que a terra lhes emprestou e voltarem ao mundo espiritual para prestarem contas de tudo o que na terra fizeram.

— Luiz! chamou-me Deleuze.

— Sim, amigo. Desculpe, mas meus pensamentos estavam aproveitando a bondade divina, voando pelos espaços da imaginação.

— Bravo! O poeta está inspirado — disse Joana.

— É isso aí, boneca, o papai aqui está filosofando sobre a vida.

— Sendo assim — falou-me Edouard — vamos ao trabalho.

Desejei perguntar para onde iríamos, mas me calei. Patrice acercou-se de mim, apoiando-se em meu braço, o que tornou mais agrádavel o percurso. Amo os meus amigos, é muito bom contarmos com a companhia deles.

Para esse trabalho dirigimo-nos a um departamento especial, onde fomos orientados e recebemos vários passes reequilibrantes. Quando de lá saímos, senti que flutuava. Gostei muito. Também não perguntei o porquê de tanta preparação, mas senti que iríamos enfrentar uma legião de espíritos trevosos.

Notamos que um círculo de luz banhava o local onde o

irmão ia receber socorro, como para isolá-lo. A curiosidade teimava em tomar conta do meu espírito. Deleuze conversou com o irmão que nos recebeu e que nos levou até o quarto do hospital terreno, onde alguém esperava o desencarne. Para nossa surpresa quase todo o recinto se encontrava no escuro, a não ser em redor da cama do doente; só ali existia luz, pois alguns espíritos tratavam do desligamento. A uns dois metros percebi uma tela iluminada, impedindo que uma legião de espíritos se aproximasse dele. Fixei bem a vista e vi fisionomias assustadoras, que gritavam e diziam nomes horríveis. Os encarregados do desencarne continuavam tranqüilos sua tarefa, alheios àquela multidão de espíritos raivosos.

— Quem é ele? Por que é tão odiado? perguntei a Edouard.

— Um torturador, respondeu.

— Ele torturou todos esses espíritos?

— Não só esses, mas muitos outros que não desejam vingança.

— E vão pegá-lo?

— Se ele acatar as instruções dos espíritos de luz não sofrerá nas mãos dos inimigos, mas se fraquejar será torturado pelas antigas vítimas, ou, num método mais seguro, voltará para o corpo físico, através da reencarnação, para ficar escondido.

— E os raivosos não descobrem?

— Muitas vezes sim, daí as obsessões terríveis.

— Mas se esse irmão for descoberto pelas suas vítimas vai sofrer muito.

— É, Luiz. Um dia ele plantou ódio e violência e hoje tem de colher nem que seja alguns espinhos de desespero.

O irmão que sofria a separação dos corpos me pareceu duro e frio. Nos momentos de lucidez espiritual, quando podia ver algumas das fisionomias ou ouvir os impropérios dirigidos a ele, fechava os punhos e cerrava os dentes, na impossibilidade de atingir seus agressores.

— Deleuze, ele ainda tem muito ódio dentro de si!

— Luiz, quem apenas soube odiar vai demorar para aprender a gostar de alguém.

— Coitado, é um infeliz quem não cultiva o amor.

Foi quando o nosso irmão voltou-se para uma mulher que lhe mostrava o ventre ainda portando marcas de tortura, falando:

— Se preciso for, farei tudo novamente. Não permiti e não permitirei que gente da sua raça venha à terra para contaminá-la. Eu os odeio.

Nesse momento, quase morri de susto. Fez-se um buraco na tela protetora e alguns espíritos caíram sobre ele, torturando-o. Nós, inertes, apenas orávamos, mas a equipe especializada não se alterou, logo isolando o doente, que estava apavorado. Segurava a mão do doutor Albuquerque e pedia proteção. O médico disse:

— Está em tuas mãos o sossego. Enquanto o ódio minar do teu coração eles serão alimentados e te buscarão em qualquer lugar. Nem Deus pode livrar-te das tuas vítimas, só tu mesmo.

— Mas eu os odeio.

— Eles também te odeiam e com mais razão, as torturas que sofreram atingiram até os seus espíritos. Irmão, procura arrepender-te e vamos aproximar-nos de Deus, só assim não sofrerás tanto.

Comentei com Patrice:

— Só buscar Deus não vai livrá-lo do sofrimento.

Olhando o seu perispírito percebi que ele estava completamente deformado. Cada vítima havia plasmado nele uma fístula de ódio. Seu corpo perispiritual parecia um verme disforme, apenas o duplo e o físico ainda possuíam imagem humana. Em todos os meus trabalhos jamais vira um perispírito tão negro e deformado. Tive a impressão de que a matéria perispiritual era de um lodo de ódio, tão feia e mal cheirosa estava.

Acercando-me de Deleuze, perguntei:

— Estando o seu corpo perispiritual tão deformado, como as suas vítimas vão reconhecê-lo no mundo espiritual?

— Sérgio, é uma longa história. Se de um lado os torturadores são terríveis, de outro as vítimas se organizam de tal maneira que conhecem os seus algozes até pelo olfato. Existe no mundo espiritual organização de busca dos torturadores.

— Está brincando... Igualmente como na terra?

— O serviço de busca da terra é precário em comparação com o do mundo espiritual. Eles são terríveis e se auxiliam entre si. Até os que sofreram pequenas torturas fazem parte de tais falanges. É uma organização, torno a repetir, e das mais poderosas.

— E Jesus permite?

— Jesus e Seus mensageiros oferecem toda proteção a qualquer espírito e graças à luz divina essa organização não consegue o que deseja. Mas que ela assusta, isso assusta.

— É, Deleuze, a sabedoria popular diz "quem aqui faz aqui paga". Mas deixa pra lá, vamos orar para que na terra a luz da bondade brilhe nos corações trevosos de ódio.

Capítulo XVIII

AS RESPONSABILIDADES DO SER HUMANO

A terra é um pântano onde os lírios têm por obrigação tirar os pés do lodo da imperfeição. No momento em que me defronto com o término das oportunidades terráqueas, vejo como o espírito, quando encarnado, esquece os compromissos assumidos na espiritualidade.

Um tio de Patrice convidou-nos para irmos até sua casa, onde uma de suas filhas se via às voltas com o domínio da droga. E para lá nos dirigimos.

Andréa dormia encolhida e já passava da meia-noite. O tio de Patrice aproximou-se dela, olhando-a com carinho. Era um corpo por demais maltratado. Muito magra e pálida, Andréa era a propaganda negativa da droga, a decadência do ser humano. Aproximei-me; ela lutava para se levantar, mas lhe faltavam forças, só o conseguindo depois de puxar fumo. Levantou-se cambaleante, foi à geladeira, tomou dois copos de leite e pensou em voltar para a cama, tal a sua fraqueza.

O telefone tocou e, ao atendê-lo, ficou pálida: alguém ameaçava ir até sua casa cobrar a droga não paga. Tentamos acalmá-la, porém, ao desligar o telefone, foi à procura da mãe para pedir-lhe dinheiro. Esta lhe negou, dizendo possuir só o necessário para as despesas. Andréa investiu sobre a velha apertando-lhe o pescoço, enquanto nós fazíamos tudo para detê-la. Domício, o tio de Patrice, desesperado se encontrava e tudo o que fazíamos não surtia efeito, pois Andréa estava alucinada. Só conseguimos impedir que estrangulasse a mãe, mas dona Luiza, não suportando o choque, desencarnou com colapso cardíaco. A filha, apesar de vê-la caída no chão, correu para o quarto da mãe à procura do dinheiro. Ao encontrá-lo, saiu de casa para pagar a droga e adquirir mais.

Recebemos o espírito de Luiza, enquanto alguns Raiozinhos seguiram Andréa.

Depois de dar algumas picadas em seu frágil corpo, voltou para casa onde encontrou o único irmão já providenciando o enterro. Andréa ficou desesperada, gritando que fora ela quem matara a mãe. Todos a julgaram louca. Só o irmão acreditou, pois ao chegar à casa achou uma seringa jogada no banheiro. No entanto, escondeu da polícia o fato tão triste da irmã não respeitar o próprio lar.

Fechando-se no quarto, Andréa se picava doidamente, era um farrapo humano, o fim de uma consciência. Podíamos apenas dispersar os efeitos das picadas, para o tóxico não entrar em seu organismo. Quando seu irmão Paulo a encontrou, estava envolta em um mar de sangue proveniente das veias furadas inutilmente. Apenas isso conseguimos fazer por Andréa, pois somente ela poderia acender o farol do bom senso. Até quando iria se drogar com o dinheiro alheio? O viciado deve ter a dignidade de não roubar o que ele tanto deseja: dinheiro, dinheiro e dinheiro.

Andréa foi socorrida e nós nos retiramos, vendo Luiza ser consolada na espiritualidade por seu marido, apesar de muito preocupada com o destino de sua filha. Orava tanto a Deus que não tive dúvida de que só as orações das mães terão forças para salvar seus filhos.

Dali, alcançamos um hospital onde alguns espíritos sofriam com o momento do desencarne e um deles, de nome Francisco, relutava em deixar o corpo físico. Suas lembranças lhe davam forças para distanciar os encarregados do desencarne. Embora tendo sofrido amputação da perna, a gangrena lhe tomava o corpo. Consciente, lutava contra a energia negativa que tornava o seu corpo um campo magnético de grande potência. Presenciamos suas células nervosas recebendo uma sobrecarga de energia, levando o cérebro a um trabalho acelerado por demais. Assistimos ao tratamento de retirada dos fluidos nos centros de força localizados no perispírito. À medida que a equipe espiritual agia, os médicos da terra recebiam intuição para um tratamento mais acertado e contente ficavam pelas idéias brilhantes que lhes ocorriam. O corpo físico de Francisco era separado do duplo, isto é, afastado, e ganhava uma veste fluídica que me pareceu um bloco de gelo. Enquanto isto, o perispírito continuava recebendo tratamento, pois o desgaste das células físicas ocorria muito rapidamente.

Pensei: enquanto uns se suicidam, outros lutam para viver. E oportunidade encarnatória não se joga fora. A vida é eterna e ai daqueles que não a respeitam.

Ali fiquei por muitas horas, olhando o corpo humano e os canais de ligação entre o duplo e o perispírito, e mais uma vez reverenciei o nosso Pai por tão perfeita obra: o ser humano. Pena que o homem ainda não se tenha conscientizado do seu valor e corte a cada momento a sua oportunidade de viver. A destruição de um corpo é tão problemática para o espírito que cada ser deve procurar ser digno de si mesmo. A dor existe e se chama remorso.

Trabalhando no umbral da vida, dia após dia me defronto com cenas de terror que nunca pensei presenciar, entretanto, minha fé também cresce a cada dia, porque vejo que Jesus convidou para essa tarefa uma das mais poderosas falanges que existe no Universo: a falange do amor e do perdão. Graças ao Seu caminho, encontraremos a verdade, que é Deus, nosso Pai amado. Só Jesus segura as mãos de cada doente sem temer o contágio, por ser Ele tão puro.

Portanto, quem estiver sozinho e desesperado, procure na fé a força e ela o salvará. Sem fé somos uma canoa remendada, prestes a afundar no mar da vida . Somente a fé e o trabalho vão nos oferecer a esperança e a luz do amanhã. Busquemos acender a luz da fé para não vivermos na escuridão do materialismo. Cada lírio colhido no jardim de Jesus terá de prestar contas a Deus pelo tempo que lhe foi concedido para que se tornasse perfumado. Todos nós temos responsabilidades intransferíveis. Vamos lutar para não fugir do trabalho nem da vida.

Capítulo XIX

A DROGA COLHE UM LÍRIO

Muitos de nós tememos nos defrontar com as realidade duras da vida, mas nesses momentos damos prova da verdadeira fé. Sem ela, consumidos somos pelo desespero.

Neste livro, vivemos junto a uma equipe que presta assistência não só aos doentes, como também aos familiares, que às vezes os retêm no leito de dor apenas por desejá-los junto deles. Todavia, a viagem de cada ser é inevitável. Infeliz daquele que ficar esquecido em um dos dois planos. Todos nós temos de cortar as arestas e isso se dá na porta estreita da encarnação e do desencarne. Por isso a fé em Deus dá ao homem a certeza de que nada morre, principalmente ele. Cada um terá de encontrá-Lo um dia, não para prestar contas dos maus atos, mas sim para dizer: obrigado, Senhor.

Deleuze convidou-nos a dar uma chegada a um dos departamentos do Recanto e lá nos deparamos com um jovem sendo socorrido. Motivo do desencarne: droga. Fiquei muito triste ao constatar que os Centros Espíritas quase nada estão fazendo por seus doentes. Por mais que se lute, torna-se difícil um trabalho homem a homem com os enfermos e suas famílias. O certo é ajudá-los através do conhecimento da vida além vida, dedicando a esses jovens e seus familiares maior atenção.

As lágrimas afluíram aos meus olhos ao fitar Enoque e vê-lo de semblante tão amargurado junto àquele corpo jovem. Fui saindo devagar. Enoque seguiu-me, chamando-me:

— Sérgio, por que a tristeza?

— Sinto que fracassamos, Enoque. Desde o livro *Na Esperança de Uma Nova Vida* venho pedindo ajuda aos espíritas e nenhuma Casa se prontificou a dar assistência aos toxicômanos e seus familiares. Por mais que gritemos, não encontramos auxílio. Bem sabemos quantos jovens estão se destruindo, não só a eles, mas também a seus pais e nós, que somos chamados, quase nada podemos fazer.

— Não deixa de ter razão, Sérgio. Mas não se esqueça de que a Doutrina Espírita ensina ao homem o caminho de Jesus, mas não o obriga a caminhar. Ela elucida sobre onde encontrar as verdades do Cristo; a cada homem concede a oportunidade de buscar a verdade nos livros doutrinários para ele mesmo discernir. A Casa Espírita não deve ter líder para obrigar o homem a encontrar Deus. Ela, sendo a casa do caminho, apresenta ao homem as verdades cristãs, sem peias e sem ameaças. É encontrando o caminho do Cristo, a Sua verdade, que descobrimos o valor da vida. Descobrindo que o espírito terá de responder por seus atos, cada um procurará tornar-se melhor e, diante do conhecimento da vida, cuidará do seu espírito e do seu corpo. Agora, para entender tudo isso precisa o espírito desejar. Forçando-o, estaremos infringindo a lei de Deus, que é amor.

— Enoque, e se a Casa fizesse um trabalho com o drogado e seus pais, como sabemos existir em outras religiões?

— Sérgio, disse Jesus: não atires pérolas aos porcos. Para esse trabalho precisamos de gente capacitada e com tempo para prestar assistência diária ao toxicômano e a maioria das Casas é muito pequena para tamanho trabalho.

— E as outras, por que não o fazem?

— Porque mesmo as grandes Casas Espíritas não contam com trabalhadores que lhes dediquem as vinte e quatro horas do dia. Todas possuem muito trabalho e poucos obreiros e esta tarefa necessita de pessoas possuidoras de muito amor, sem nenhuma vaidade. Além disso, Sérgio, a Doutrina Espírita existe para elucidar o homem no sentido de procurar se salvar através da reforma íntima, e os viciados dificilmente buscarão um livro para ler ou desejarão trabalhar.

— Mas como explicar tanto desencarne e vários filhos de espíritas passando para outra religião?

— Os espíritas não estão isentos da dor nem dos escândalos. Se alguém deixa de ser espírita quando sofre é porque a Doutrina não penetrou no seu coração. Quanto aos filhos de espíritas que estão deixando de ser espíritas, esses nunca chegaram perto da Doutrina. Seus pais esperavam que eles se decidissem a ser espíritas e eles viveram sem religião e sem fé. As pessoas vazias por dentro procuram sempre algo para se agarrar. No caso do dependente da droga, muitas vezes, para abandonar o vício, ele precisa de algo forte, algo que o obrigue a isso. Graças a Deus a Doutrina Espírita é liberdade. Poucos a compreendem e reverenciam, porque ela é filosofia, ciência e religião, e quem só deseja um apoio não a entenderia. Se teimarmos em levar um toxicômano à força ao Centro, ele jamais irá compreender o valor do passe e a bondade de Deus. A espiritualidade está ao lado do sofredor, entretanto, ao encarnado é dado escolher o método certo de ajuda, sem atirar pérolas ao porcos, porque muitas vezes os doentes ainda não possuem capacidade para enxergar a luz e irão esmagá-la com suas zombarias. As Casas Espíritas têm é de orar, e muito, pelos viciados, ajudando-os através de preces, como fazem aos suicidas, pois eles são os suicidas encarnados. Porém, se uma Casa desejar prestar auxílio direto ao doente, precisará de tempo e de pessoas com real capacidade: psicólogos, psiquiatras e médiuns equilibrados que não falem demais e exemplifiquem o amor a cada minuto. O doente precisa sentir-se amado e protegido.

— Gostaria tanto de ajudar essas famílias! Elas morrem a cada aspirada de pó e a cada tragada do baseado que o ente querido absorve.

— Pode ajudá-las, Sérgio, orando por elas, evitando que seus filhos desencarnem. Obrigar, através de lavagem cerebral, que se tornem espíritas, não se adapta ao que se propõe a Doutrina. E depois, não importa a maneira pela qual nos tornamos cristãos, o importante é que sejamos fiéis a Cristo. Não importa que rótulo tenha a Casa que freqüentamos, o importante é a beleza das nossas atitudes. Cada templo religioso trabalha para Deus e ai dele se desejar o aplauso dos homens.

— Mas fico triste ao constatar que crianças às quais tentamos apresentar Deus estão bem longe de nós.

— Ainda bem que de nós e não de Deus.

— Mas, Rayto, muitas delas também estão morrendo!

— Sei disso, Sérgio, mas não as temos abandonado, embora nem lembrem que existimos. Por falar nisso, vamos socorrer uma delas.

— É mesmo, confesso que não gostaria de ver um miosótis de Maria esmagado pelo vento do tôxico.

Acompanhei-o e ele, sempre seguro, guiava-nos pelo tortuoso mundo da droga. Ao nos aproximarmos da casa, ouvimos os gritos de angústia da mãe, tendo ao seu colo o filho quase agonizante. Um quadro dos mais tristes. Enoque intuiu-a para levar o garoto de treze anos ao hospital e ela no mesmo instante o fez. Quando lá chegamos, a equipe de socorro já nos aguardava. Iniciou-se a luta contra o veneno da droga no organismo. O garoto se debatia, sofrendo convulsões terríveis. Quando percebemos seu coração quase parando vimos os doutores Carlos, Sadu e Paulo aplicando os mais modernos métodos de tratamento desintoxicante. Mesmo assim, o lírio não conseguiu permanecer no canteiro da terra, sendo expulso do seu corpo físico pelo excesso de tóxico.

Asfixiado, aquele espírito continuava sofrendo na espiritualidade. Os seus corpos permaneciam unidos e o seu espírito, em desespero, não conseguia aspirar o oxigênio terráqueo nem tinha condição de respirar no novo mundo, por este lhe oferecer um ar muito puro para o seu organismo, contaminado pela poluição dos antros do vício. Eu nada fazia a não ser orar, depois ajudei aquela mãe que, para meu espanto, falou assim:

— Ainda bem, Luiz Sérgio, que você o levou para Deus. Já estava cansada de vê-lo morrer aos poucos. Sou mais feliz vendo-o "morto" do que levando a vida que levava.

Quis dizer àquela sofrida mulher que eu não tinha poder para colher nenhum lírio, mas ela estava convencida de que a minha ajuda havia sido no sentido do que vinha pedindo, não sabendo que o seu filho era um suicida e ainda sofria no mundo espiritual as conseqüências dos seus atos. Aquele garoto, estendido na laje fria, dava a cada um de nós a lição de que Deus não mata, mas o próprio homem, que a cada dia se torna mais distante da verdade. Longe dela torna-se presa fácil das coisas perecíveis do mundo físico.

O jovem padecia e ainda não estava compreendendo o que ocorria ao seu lado. Gritava pelos pais e lutava para respirar.

— Enoque, esse menino tem treze anos. Até que idade ele ficaria na terra? perguntei.

— Setenta e oito anos.

— Quê? E o plano de Deus?

— Ninguém o muda. Ele não terá condição de voltar sadio. Lesou os seus corpos, esmagou o cordão fluídico, portanto, terá de sofrer várias encarnações. Queira Deus ele se recupere logo.

— E o plano de Deus? tornei a perguntar.

— Aí está a culpa do suicida. Ele prejudica não só a si próprio, porém muito mais a várias outras pessoas que terão de levar para a frente o que ele deixou de fazer. Deus não castiga, nós é que ferimos a nossa alma com atos indignos e destruímos os sonhos por desejar sonhar demais.

— Onde se encontra a equipe do desencarne? Onde estão o doutor Albuquerque e os outros?

— Está-se esquecendo de que eles desligam o laço e que Rodrigo violentou o seu?

— Como podemos ajudá-lo?

— Não podemos. Já chamei outra equipe, que tentará levá-lo para um pronto-socorro. Aí, a Casa Espírita entra em ação. Ajuda-os, mas com médiuns firmes, equilibrados. Podemos prestar auxílio a esses doentes apenas com médiuns que dizem não fazer nada no Centro. Esses médiuns são portadores de muito ectoplasma e quando reunidos em grupo prestam muito auxílio aos doentes recém-desencarnados, principalmente aos suicidas pela droga. Lembre-se: suicida não é obsessor, é doente, e os dirigentes de grupos precisam conscientizar-se de que a Doutrina esclarece, com livros da Codificação, como proceder em uma mesa mediúnica. Gritos, jogadas de corpo, barulhos ruidosos denotam que o médium é mais doente do que aqueles que ele julga auxiliar. O dirigente precisa ficar convicto de que nem sempre o que diz receber um espírito sofredor o está ajudando. Muitas vezes o médium, que muitos acreditam nada fazer, tem condição de oferecer fluidos à equipe de socorro, que alivia e permite que ele seja melhor socorrido. Um grupo disciplinado é silencioso e seus médiuns não fazem alarde da mediunidade. Quem vive alardeando os seus dotes longe está da mediunidade com Jesus.

Espero que cada irmão espírita busque a Doutrina e não os espíritos. Se o homem terráqueo estiver com Jesus, viver para Jesus, jamais precisará ser doutrinado após o seu desencarne. Hoje o plano físico tem mais obsessor do que o mundo espiritual. Portanto, vamos cuidar daquele que busca os Centros Espíritas, oferecendo-lhe estudo para aprender a desencarnar, porque atualmente só a Doutrina Espírita ensina ao homem a vida na terra com os pés no "céu", isto é, voando da dor e do desespero.

Os grupos espíritas precisam mudar a imagem que está sendo formada sobre Espiritismo. Nem todos os que os buscam precisam desenvolver a mediunidade. Todos, entretanto, precisam educá-la. Mediunidade educada, médiuns sábios; enquanto o vaidoso só desejar receber espíritos, ele mais estará afastado das verdades doutrinárias. Esperamos que um dia os Centros Espíritas ofereçam ao encarnado e ao desencarnado a água da vida eterna. Muitas Casas têm condição para isso. É só dar aos homens exemplos de amor e caridade.

Capítulo XX

A CADA DESENCARNE UMA AULA

Enoque muito falou sobre assistência aos toxicômanos e as dificuldades ainda encontradas nas Casas Espíritas. Eu o ouvia com carinho e respeito por conhecer sua luta em prol da felicidade das famílias, orando e ajudando as crianças e os jovens. O garoto de Deus desejou-me paz e continuou sua lida, indo até a casa do lírio colhido consolar a família do jovem desencarnado. Isso vem acontecendo quase todos os dias, um mal que a sociedade finge desconhecer. Mas deixa para lá, tenho de acompanhar a equipe do desencarne à casa de Aristides, pois se aproxima o desligamento dos seus corpos.

Lá chegando, presenciamos a dedicação de sua nora, sempre carinhosa, dando-lhe banho e o alimentando.

— Eles são amigos de outras encarnações? perguntei a Deleuze.

Ele sorriu, nada respondendo. Patrice foi quem falou:

— Tornaram-se tão corriqueiras as antipatias de sogro e de sogra que quando vemos uma nora dando amor ao sogro nos assustamos, mas isso é que é o certo. Se somos todos irmãos, como fugir da lei do amor? E com os domésticos temos mais responsabilidade.

Ficamos naquela casa onde os encarregados do Departamento já se encontravam há uma semana. Aristides havia sofrido um derrame há vários anos e era tratado pela nora. Aproximando-me dele percebi o seu corpo físico já rejeitando parte do alimento e ele engasgava. Nada pude fazer, estava ali apenas como estudante, mas o doutor Albuquerque intuiu Ana a levá-lo até o seu quarto e lá iniciou o real desligamento. Um dos encarregados dava passes, dispersando os fluidos dos alimentos pesados ingeridos anteriormente por Aristides. O quarto nem parecia o de um doente que sofrera derrame, tudo muito limpo e em ordem. Aristides era tratado como se fosse uma criança.

Ao perceber que ele estava desencarnando, a nora chamou a vizinha médium espírita que também nos ajudou, orando em silêncio. Porém, quase se apavorou. Mesmo percebendo a paralização de quase todos os órgãos, via o espírito de Aristides colado aos corpos, sem poder afastar-se. Quando o filho chegou, constatou que Aristides estava "morto", mas, para a médium, não. Notava-o tão presente que as suas mãos pareciam as de uma pessoa ainda encarnada. Iniciaram-se os preparativos e a médium, ali ao lado, orando e pedindo socorro, temia um caso de catalepsia, porquanto o doutor Alburquerque e sua equipe somente haviam afrouxado o laço fluídico. A médium, ao divisar-me, perguntou o que ocorria e eu lhe mostrei o cérebro físico de Aristides. Nele um aparelho vibratório fazia reviver as células, dando-lhe vida. Nesse instante ele recordou de cada momento de sua vida e vi rolar no seu rosto várias lágrimas, de remorso, não sei, mas uma eu colhi, de agradecimento a todos os que dele cuidaram durante a doença. As células atingidas pelo derrame ganharam vida e ele, que ultimamente registrara em sua mente a revolta, a dor e o desespero, sentiu que lhe voltava a saúde. Recordou-se da sua imagem de homem vaidoso e sorriu feliz, pois não estava mais doente. O aparelho no cérebro mantinha o corpo físico como se estivesse congelado. Isso a médium presenciou e só aí tranqüilizou-se. Mas ainda levou algumas horas a total separação. Os familiares desencarnados de Aristides, que o vieram buscar, davam-lhe as boas-vindas. O quarto muito cooperou para o sucesso do nosso trabalho, tudo muito limpo, principalmente o doente. Nosso amigo buscou a imagem de alguém que lhe dedicara muitas horas de auxílio, a nora Ana, e nunca presenciei um olhar tão belo. Nele a palavra gratidão era iluminada com a cor do amor.

A médium ali ainda orava. O laço já se havia desatado, mas uma equipe especializada fazia com que Aristides apagasse, nem que fosse por momentos, os vestígios da doença.

— Por que esse estranho desligamento? perguntei a Deleuze.

Ele me respondeu:

— É preferível um trabalho maior agora do que levá-lo para a espiritualidade ainda numa cadeira de rodas e com os miasmas do derrame. Neste instante, de sua tela mental está sendo retirado todo o desespero de sua mente por força da doença.

— Então ele vai chegar ao hospital curado?

— Não, mas logo estará andando e já pronto para ingressar em qualquer colônia de trabalho.

— Pensei que com todo esse tratamento ele fosse sair daqui andando e raciocinando normalmente.

— Não, Sérgio. Aristides viveu muitos anos dependente, muito dependente de terceiros, e não é de um momento para outro que vai livrar-se dos vestígios da doença. Mas o seu cérebro espiritual já se recuperou quase oitenta por cento. Isso é uma vitória enorme, graças à bondade divina.

— Até quando ele vai ficar aí, colado ao seu corpo físico, doutor Albuquerque? Percebo que o seu duplo está ainda recebendo do perispírito, mesmo este já desligado, uma energia que mantém os chacras rodando normalmente.

— Para apagar as lembranças tristes da mente de Aristides, o espírito não pode ficar alheio, pois não se esqueça de que por vários anos o corpo físico foi companheiro do seu espírito e não podemos separá-lo com violência. Ele não é um suicida.

— Confesso, doutor Albuquerque, que não estou compreendendo bem. Nem eu nem a médium, aqui presente, participando desse trabalho. E se a família resolve enterrá-lo agora?

— Seria desastroso, mas o seu filho tem conhecimentos espíritas, é um trabalhador da Seara. Se para a cremação temos de obedecer às setenta e duas horas, por que para enterrar não respeitamos as vinte e quatro horas que os antigos tanto respeitavam?

— Não sei, não. Hoje está tudo tão diferente... Se a família resolver enterrá-lo daqui a duas horas a equipe já o terá desligado totalmente?

— Sérgio, Aristides se encontra como se estivesse anestesiado, portanto, mesmo que a família o enterrasse agora, nós é que sofreríamos mais, pois teríamos de vencer vários obstáculos da matéria, em vez de realizar um trabalho com preces e cânticos.

— Sabe, amigo, acho que os Centros Espíritas deveriam elucidar o homem a saber desencarnar. Principalmente os que ficam devem saber o que é preciso fazer para ajudar a espiritualidade.

Já narrei em outros capítulos que a música e as conversas edificantes auxiliam aquele que está fazendo a grande viagem. Aristides, pairado sobre o duplo e o físico, estava percebendo o que ocorria ora no físico, ora no plano espiritual, e me pareceu feliz. Já havia notado que estava desligando-se do plano físico. Depois das explicações, a médium, antes preocupada, ficou mais tranqüila, ele já desencarnara, mas ali permanecia em tratamento para chegar ao hospital não mais como um doente com o cérebro danificado, e sim em convalescença. A médium ainda presenciou o trabalho da equipe de socorro e, graças a Deus, a família muito cooperou.

Cada caso é um caso e confesso que muito auxilia a higiene do doente e do lar ou do hospital onde ele se encontra. Muitos julgam que o enfermo não precisa de quarto arejado e vestes limpas. A espiritualidade tem dificuldade em trabalhar em local sujo, pois o desequilíbrio nele se aloja. Nesse caso, a equipe do doutor Albuquerque não teria condição de trabalhar como o fizera: no centro de força coronário.

A equipe tratava do cérebro espiritual na medida em que o físico cessava o seu trabalho de longos anos. O tratamento do diencéfalo, onde se situa o centro de força coronário, foi o mais rápido, passando logo para o frontal, onde se aglutinam, transmitem e disseminam energias do córtex cerebral para o funcionamento normal do sistema nervoso, que se mostrava enfraquecido, muito enfraquecido, como se vários fios se houvessem queimado. Ao tocá-lo, todo o perispírito de Aristides se iluminou. Na medida em que os médicos da equipe tocavam esse centro de força, todo o seu perispírito ganhava vida, como se fosse adquirindo força. Nosso amigo sentiu que voltava a ter a sua mente sã. Então, foram tratados o laríngeo, pois Aristides, com o derrame, tinha dificuldade para falar; o cardíaco, pois com a doença o nosso paciente ficou em desequilíbrio e é nesse centro de força que a aura da emoção e da circulação fornece energias de base ao equilíbrio orgânico. Depois, foi tratado o esplênico. Nesse centro de força a equipe dispersou os miasmas do alimento, pois Aristides havia almoçado antes do desencarne. Não vamos nos esquecer de que esse tratamento foi feito em seu perispírito, mas outra equipe tratava do cérebro físico.

— Complicado, não? comentei, aproximando-me da médium.

— Complicado, Luiz Sérgio? Uma loucura! Minha cabeça está a mil!

E tinha razão. Só quem trabalha em desencarne pode compreender essa maravilhosa equipe. Eles são tão eficientes que, ao vê-los trabalhar, julgamos que são técnicos de aparelhos eletrônicos desligando fios e ligando outros. E com que rapidez o fazem!

Aproximei-me de Kelim, um médico da equipe, dizendo:

— Obrigado, amigo, pela aula.

Ele apenas sorriu, continuando o seu trabalho no cérebro espiritual de Aristides. Quando voltei ao meu grupo, perguntaram-me:

— Vais-te juntar ao doutor Albuquerque?

— Quem me dera já possuir tamanha evolução! Penso que para chegarmos a essa equipe temos de muito evoluir, ela é composta de grandes médicos, profissionais que fizeram da Medicina um sacerdócio, tratando o pobre e o rico com igual respeito e carinho. Eles só honraram a Medicina e hoje continuam estudando o desencarne para tratar no amanhã, quando reencarnados, da morte física.

— Tens razão, Sérgio, eles são os técnicos da vida — falou-me Deleuze.

E foi assim que assistimos à viagem de Aristides para o mundo espiritual. Queira Deus ele logo se recupere.

Dali fomos atender a outro chamado de pessoas ligadas a nós. Quando chegamos, o irmão delirava. Os seus corpos espiritual, duplo e físico balanceavam, sofrendo pelo desequilíbrio. De que se tratava? Infelizmente, o irmão havia abusado por demais da bebida, brincando com a vida. Procurei os chacras e esses rodavam como se o irmão suicida fosse.

— Mas ele não está com gripe? indaguei.

— Sim, está não só com gripe mas com todo o sistema nervoso alterado.

Ali fiquei ao lado de Raul. Ele se debatia, lutando para respirar. Os entrelaçamentos de filetes nervosos que se estendem aos pares junto à coluna vertebral, formando o sistema nervoso simpático, sofriam pressão muito grande. Eram energias acumuladas, ou melhor, desequilibradas. Nesses entrelaçamentos dos nervos simpáticos víamos o coração e pulmões, fígado e intestinos completamente atingidos pela vida desregrada do amigo, vez por outra às voltas com a doença, doença esta provocada pelos excessos. Analisei-o: um jovem senhor, aparentando quarenta anos de idade.

— Ele sai dessa crise? perguntei.

— Dificilmente, respondeu Deleuze. O coração já está bem fraco. E depois, veja só o fígado. A bebida bloqueou de tal maneira as suas funções que dificilmente poderá voltar ao normal.

— Mas então é um suicida?

— Sim, inconsciente.

— E mesmo assim está sendo tratado?

— O Pai não abandona os Seus filhos, até aqueles que não obedecem às Suas leis.

Fiquei calado, enquanto a equipe dispersava os fluidos pesados e dava passes que faziam com que Raul voltasse por momentos ao equilíbrio. Assistíamos ao tratamento, à luta da equipe reencarnatória para que Raul na terra ficasse para cumprir a sua tarefa, mas logo esta equipe se retirou, entrando a do desencarne, e foi aí que presenciei o porquê do suicídio inconsciente. É que ele, ingerindo bebida alcoólica por demais, foi atacando axônios e dendrites. Observávamos as ligações dos corpos violentadas por excessos concentrados nas células nervosas.

Quando naquele corpo físico doente foi cessando a vida, vimos por que o homem precisa se cuidar. O espírito de Raul lutava para ficar no corpo físico, não aceitando a separação, mas logo o seu perispírito e o seu espírito tiveram de abandonar o duplo e o físico, pois este não tinha mais condição de operar como condutor do espírito. O físico foi-se apagando;

poucos órgãos de Raul não se encontravam doentes. Mesmo desatado violentamente, o perispírito ali permanecia como se desejasse ficar, pois na programação divina eles teriam de ficar juntos uns setenta e cinco anos, e agora sofriam a separação.

A equipe tentava fazê-lo dormir para não presenciar o próprio desencarne, mas os fluidos vitais dos fios da vida o prendiam ali, como se fora um ímã. Olhei o cordão de prata e vi que mesmo desamarrado ele ainda não havia ganho elasticidade.

Vamos explicar: quando se rompe o cordão de prata, ele recorda um carretel de linha para soltar pipa, vai-se desamarrando, desamarrando, à medida em que a pipa sobe. Aqui a pipa é o perispírito e a linha, o cordão fluídico.

Em Raul, o cordão permanecia sem ganhar elasticidade. Ele, bastante tonto, não sabia o que estava acontecendo, mas um senhor chamado Francisco aproximou-se do seu espírito e ficou orando. Imediatamente o irmão adormeceu, só voltando a ficar ao lado do corpo na capela, mesmo assim bastante perturbado, ora na terra, ora no plano espiritual.

Agora volto ao velho assunto: as pessoas devem conscientizar-se de que na hora da partida precisamos ter muito respeito pelo chamado "morto". Na capela, Raul sofria ao ouvir alguns comentários referentes à sua vida e muitas vezes chorou ao presenciar o desespero de seus filhos e de sua família. "Meu Deus, por que me deixaste errar tanto? Por que, Senhor? " lamentava.

Assim como Raul, muitos ainda culpam a Deus pelos próprios erros. Eu orava e confesso que muitas vezes precisei secar as lágrimas. Ali, o pai e marido de pessoas que muito amo debatia-se no mar do arrependimento e ninguém o ajudava, só comentários maldosos dos "ditos" amigos.

— Nada podemos fazer por ele? Nada fez de bom? perguntei a Patrice.

— Se olhares bem, respondeu Deleuze, podes ver o quanto Raul está sendo ajudado. Mesmo sendo suicida inconsciente, ele possui no banco da providência divina muitos méritos, um deles é a bondade do seu espírito. Ele foi bom pai, bom amigo e bom filho.

Os seus corpos ainda estavam juntos, colados, e só uma nuvem cinza os envolvia, pois a aura espiritual havia-se deslocado. Raul, mesmo já desligado, conseguia reter em si a matéria etérica do corpo físico e se confundia nela. Por isso ali se encontrava, sofrendo ao lado dos encarnados, sofrimento esse inteiramente desnecessário. Na capela, junto a uma médium, fomos orando, até que se aproximou dona Maria. Ela colocou a mão na fronte de Raul e ele sorriu. De imediato o carretel se desenrolou, com uma rapidez imensa, e vimos os corpos físico e duplo lutando em busca da luz da vida — o espírito — mas este já havia sido transformado em um lírio e fora colhido por Deus.

Não sabia até quando Raul iria precisar de tratamento, mas tinha certeza de que ele seria protegido pelas mãos do médico Jesus e que seus familiares todos os dias iriam acender a luz da caridade em prol do seu crescimento espiritual, para que ele se recuperasse logo e pudesse pagar a sua dívida para com Deus, através de um trabalho junto aos alcoólatras, que se suicidam dia-após-dia.

Feliz daquele que encontra no corpo físico o esclarecimento da vida além vida e procura viver em Cristo e sempre Cristo.

Capítulo XXI

A SIMPLICIDADE DE UM LÍRIO

Voltamos à Colônia, onde passamos alguns dias.

Fui convidado pela equipe a ir à casa de Marta. Aceitei de pronto, não podia deixar de descrever mais um desencarne.

Lá chegando, encontramos sua filha bastante preocupada, queria dar mais conforto à mãe, mas não sabia que Marta já estava recebendo da espiritualidade um tratamento muito especial. O órgão afetado encontrava-se completamente isolado e mesmo com o intestino tomado pelo câncer, ela fazia as necessidades fisiológicas quase normalmente. Os médicos davam-lhe uma assistência extraordinária. Ela vivia ora no mundo espiritual, ora no físico. Para os familiares ela estava sem memória, como muitas vezes julgava não ter-se alimentado. Entretanto, tudo isso era devido aos seus corpos se encontrarem quase separados. Assistimos a muitas aplicações de luzes em sua aura da saúde. A irmã estava tendo um desprendimento fácil, pois era desapegada das coisas do mundo. Tudo para ela era empréstimo de Deus, sempre aspirou aos bens espirituais e cumpriu com sua tarefa familiar. Notamos os laços enfraquecidos se desatando docemente. Sua perturbação não passava de leve entorpecimento, como se estivesse sonhando.

Recordava a luta ao lado do marido e sorriu, feliz, pois tinha cumprido com sua missão de mãe e de esposa. O seu passado lhe pareceu uma branda chuva, que somente por um momento lhe molhou o espírito, parando logo em seguida com a chegada do sol. Este banhava o seu corpo e o seu espírito, fortalecendo-os e lhe dilatando a visão espiritual, dando a condição de rever o marido e outros familiares.

Que belo sol divino este que queima os miasmas da dor e da velhice. Viu-se remoçada e sorriu feliz. Teve consciência da "morte" e a bendisse, pensando: "já realizei tudo o que tinha de realizar, só queria que todos os meus filhos estivessem ao meu lado". Nessa hora, uma lágrima correu por sua face, era o momento do adeus.

Prestando muita atenção, Marta afigurava-se-me um aparelho elétrico que se foi desligando normalmente. Mesmo separado o perispírito do duplo e do físico, ele recebeu uma luz que banhou todo o abdôme, principalmente o fígado, os rins e os intestinos. Marta levou a mão à garganta, como se estivesse asfixiando-se. Uma luz azul lhe acariciou o laríngeo e ela adormeceu. Aparentava ser bem mais jovem agora.

— Por que esse rejuvenescimento? perguntei a Deleuze.

— Bondade de coração, respondeu. Marta é uma mulher de sentimentos bons, sem orgulho. Sentia-se feliz com o que a vida lhe presenteara.

— Mas ela é rica?

— É rica de dons espirituais. Mesmo não sendo uma freqüentadora assídua de grupos espíritas ela fez de seus atos lindas preces de amor a Deus. Não é preciso ter uma religião para nos salvarmos, o que é preciso é que cada ser se conscientize da sua tarefa reencarnatória e não deixe para trás o que deva ser feito hoje.

Voltei a fitar Marta. Parecia dormir. Apesar de desligado do físico, o seu espírito ali permanecia em tratamento. O câncer lhe destruíra quase todo o aparelho digestivo e os médicos tentavam tirar de sua mente a doença que a havia castigado. Porém, algo atrapalhava aquele trabalho: o corre-corre da família e algumas preocupações. Ainda assim, o doutor Albuquerque fazia com a sua equipe um trabalho de mestre. Às vezes o choro dos famíliares a despertava, mas era logo adormecida.

Enquanto se desenrolava este desencarne, pude avaliar quão importante é a família em nossas vidas. Marta olhava os seus filhos com muito amor e já sentindo saudade, mas não com menos amor divisava os entes queridos na espiritualidade, um deles seu genro.

— Uai, você aqui? perguntou-lhe.

— Sim, senhora, vim esperá-la — aí Marta foi-lhe contando os últimos acontecimentos familiares.

O doutor Albuquerque sorriu.

— Ah, se todos partissem numa boa, como a nossa querida irmã... — falei.

Quando já ia saindo, voltou, olhou o seu corpo físico bastante magro e indagou ao marido:

— Essa sou eu?

— Sim, Marta, é você.

— Meu Deus, como estou feia! Não, isso não é certo. A gente trabalha, luta, cumpre com o dever e se vê de uma hora para outra com uma doença tão ruim, que come a gente. Mas deixa pra lá, Deus é quem sabe das coisas.

Olhando mais uma vez o seu corpo material, falou:

— Será que eles vão me arrumar direitinho no caixão? Estou com os olhos abertos e assim fica muito feio. Não sei onde irão encontrar flores, gosto muito delas. Se precisar coloca folha mesmo. Para onde eu vou agora? — perguntou, virando-se para Ambrósio.

— Vamos para uma casa de repouso, respondeu.

— Mas eu estou me sentindo tão bem!...

— Sabemos disso, contudo, depois da viagem é preciso repousar.

Comentou, então, muito gentilmente:

— Está bem, mas só gostaria de ir depois do sepultamento do meu corpo, mesmo sabendo que ele para mais nada serve. Mas queria presenciar ser velado pelos meus amigos.

— Sentimos muito, Marta — interveio o doutor Albuquerque. Não é prudente assistir ao seu sepultamento. Muitos dos seus familiares irão se desesperar e ficará triste.

— Que nada, doutor! Todos não têm de morrer? Pra que chorar? Ficarei triste se eles cantarem e dançarem junto ao meu caixão. Isso sim, acho falta de respeito. Não sei, não, doutor, mas antigamente os familiares nem ligavam o rádio quando morria um dos seus. Agora, nesse modernismo que vive por aí, nem bem o defunto sai da casa e é rádio, televisão, festa. Eu sou da antiga, acho que devemos respeitar os "mortos". Mesmo sendo espírita não me conformo com esse tipo de coisa. "Morto" é morto e merece de todos muito respeito.

Marta falava sem parar, enquanto os familiares faziam os preparativos e a equipe do desencarne entregava o serviço a outra, a socorrista. Dando a cada um de nós lições a serem aproveitadas por todos, dizia ela:

— Fui espírita, ou melhor, acreditei nos espíritos, mas nunca saí por aí em busca de fenômeno. O que cada um deve fazer é reformar o seu espírito, isso não com palavras, mas todos os dias da nossa existência. Ter a simplicidade do espírito é uma bênção. Espírita orgulhoso é como pau-de-sebo, ninguém sobe nele, mas também ele, coitado, não tem folhas nem dá frutos. Procurei viver a minha crença, crer em Deus e agradecer a Ele tudo o que tenho. Todos os que dão importância às coisas materiais se intoxicam espiritualmente, vivem azedos e criando caso com tudo e com todos. Freqüentam Centros mas apenas se dizem espíritas.

Mansamente, foi levada para um hospital espiritual e ali a tudo examinava. Quando notou não ser a única no quarto em que fora alojada, foi logo acercando-se dos outros e perguntando:

— O que faz aqui? Morreu há quanto tempo?

Observou a enfermaria, comentando:

— Que beleza, meu Deus!

O quarto simples apresentava impecável limpeza. Pela janela, bem ampla, divisava um jardim florido que lhe dava as boas-vindas. As camas, forradas de branco, contrastavam com o vaso repleto de rosas coloridas.

— Onde estou? perguntou a uma companheira.

— No Hospital de Maria, respondeu. Aqui estamos ligados ao grande Hospital do Amor, onde Jesus Cristo é o médico que cura as nossas verdadeiras dores.

— Não gosto de hospital, mas esse, sendo de Jesus, deve ser bom — falou, sorrindo.

Tive vontade de colocá-la nos braços. Como recordei da minha flor Margarida, vovó, e acreditei nos homens! Existem seres fora de série, bons, nobres e espiritualizados.

Marta logo se ambientou e nós nos despedimos, dando-lhe um abraço.

— Qual é mesmo o seu nome? perguntou-me.

— Luiz Sérgio.

— Muito prazer.

Despedi-me, assim como todos os da equipe. Saí dali pensando: não existe morte, existe uma eterna luta de seres que precisam chegar a Deus. Se nós não nos unirmos tornar-se-ão cada vez mais difíceis as idas e vindas. Mas lutando, amigos, sempre encontraremos a mão bendida de Jesus. Ele, o jardineiro de Deus, estará sempre colhendo os lírios e a perfumá-los com a essência eterna da paz e do amor. Só Jesus tem condição de nos oferecer o remédio para as nossas almas doentes. Sem ele somos folhas machucadas pelo vento da dor.

Unamo-nos, espíritas, ou melhor, todos os religiosos, e vamos ensinar ao homem encarnado a bondade da "morte" e prepará-lo para a verdadeira vida espiritual. Não com ameaças, porém com esclarecimentos. De nada adiantará nos dizermos espíritas se não tivermos no coração a Doutrina, só ela nos oferece o passaporte para um mundo de paz.

Capítulo XXII

O PÁSSARO LIBERTO

Ao narrar as histórias dos lírios colhidos tive muitas vezes de recuar, a verdade incomoda. Mas mesmo assim não deixei passar em branco o meu contato com a equipe do desencarne. Graças a ela constatei a importância de um ambiente limpo e saudável, seja em casa ou num hospital; a limpeza ajuda não só no conforto do doente como aos médicos espirituais.

Neste livro procuro ajudar as famílias que passam por momentos difíceis de doenças, dizendo-lhes da importância de um quarto limpo, arejado e silencioso, principalmente em um hospital; que a televisão é inimiga terrível de um doente em estado grave; que os melindres familiares, mesmo ocultos ao doente, o perturbam bastante. O enfermo precisa de atenção, amor e respeito. Procuro dizer, também, que muitos lírios relutam em deixar a terra e sofrem nesse momento, querendo, por tudo, permanecer junto ao corpo que lhe serviu. A prece dos familiares e amigos é grande bênção e muito ajuda uma alma a se desprender do corpo físico. Além disso, deveriam ser obedecidas por lei as vinte e quatro horas de espera para um corpo descer à terra, pois a pressa em enterrar alguém pode dificultar o seu total desligamento.

Presenciei a luta de uma equipe contra o tempo mínimo e daqui alerto as pessoas que, para não sofrerem a tristeza do velório, correm para enterrar seus “mortos”, prejudicando um trabalho tão bonito como esse das equipes de desencarnação. Perguntamos sempre: quantas horas são precisas para a cremação? No livro "O Consolador", escrito por Emmanuel e psicografado por Francisco Cândido Xavier, pergunta 151, encontramos a resposta:

"Na cremação, faz-se mister exercer a piedade com os cadáveres procrastinando por mais horas o ato de destruição das vísceras materiais, pois, de certo modo, existem sempre muitos ecos de sensibilidade entre o Espírito desencarnado e o corpo onde se extingiu o "tônus vital", nas primeiras horas seqüentes ao desenlace, em vista dos fluidos orgânicos que ainda solicitam a alma para as sensações da existência material".

Por que para o sepultamento hoje queremos modernizar? Os nossos antepassados jamais enterravam alguém antes do prazo de vinte e quatro horas após o desenlace. Seria bom refletirmos sobre isso. Está certo que o túmulo só vai abrigar o corpo físico, mas existe um trabalho que deve ser respeitado, apesar de cada um nascer e desencarnar de acordo com a sua evolução.

Bem, mas agora quero narrar-lhes a apoteose de uma alma, um espírito que a princípio relutei em narrar a sua metamorfose por estar a ele ligado por fortes laços do sentimento, entretanto, quis a vida que eu colocasse no papel algo tão meu, tão meu, que os meus leitores nem podem imaginar o que representa você presenciar o desencarne de alguém que sempre foi o seu ídolo.

É isso, camaradas, aqui estou, trêmulo e ansioso, pois fui informado de que alguém muito amado vai chegar para junto de mim. Cerrei os olhos e as lágrimas me molharam o rosto ainda jovem. "Meu Deus, será que estarei preparado para suportar tanta emoção?"

Patrice apertou-me o ombro e me aproximei do lar que muitas vezes me abrigou com amor e respeito. E ali estava, recostado em sua cadeira, o meu grande amigo Lucas, os olhos cansados, as pernas envelhecidas pelos anos, já não obedecendo ao espírito lúcido e inteligente. Deitei-me no seu colo e ele sorriu.

— Luiz, você está por perto?

— Não só perto, mas dentro do seu coração — queria gritar. Iniciamos um diálogo de coração para coração:

— Sei que chegou o momento. Nada tenho a recear, somente preocupa-me a Rosa, que também não anda muito bem de saúde. O José, graças ao Senhor meu Deus, está preparado, ao lado da querida esposa e filhos, a caminhar sem mim, mas não deixa de ser dolorido. Somos muito unidos e a ausência física machuca o coração.

Quis falar alguma coisa, mas ele continuou:

— Hoje passarei para o Oriente Eterno e, tenho certeza, reencontrarei vários irmãos, muitos deles companheiros de Casa. Ao apertar-lhes a mão, sentirei que as minhas estarão mais leves, não mais tão pesadas pela dependência carnal. Serei igual ao pássaro que, ao se desprender da gaiola de ouro, diz ao vento forte que lhe ameaça as frágeis asas:

Vento, por que me castigas agora?
Já deixei a veste
E a minha alma também chora
Neste campo silvestre.
Vento, leva a carta-saudade
De quem amou de verdade
A cada companheiro.
Diz que fui libertado,
Ou melhor, agraciado,
Pelo querido Cordeiro.

E ali ficamos nós, conversando. A alma de um grande homem, digno, amigo e leal companheiro, mesmo encarnado, já se encontra deixando os seus familiares. Há muito Lucas vinha preparando-se para partir. Que bom se todos tivessem esse dom! Mas é uma conquista própria e ele, com a sua bondade, adquiriu no banco da providência divina a passagem da paz.

A equipe, a postos, já realizava o trabalho. Ele, o tio Lucas, o amigo Lucas, o companheiro, sussurrou docemente:

— Abre-se a porta do Templo e digo: sejam benvindos. Estou pronto para partir, o meu tempo terminou e não desejo fazê-los esperar.

Cerrou os olhos. Uma luz lhe cobriu os corpos e estes se separaram em cadência lírica, oferecendo aos meus olhos um espetáculo divino. O físico recebeu luzes de coloração azul e dourada; o perispírito, já desligado, foi carregado por um cortejo que entoava belos hinos. Não sabia se corria atrás do cortejo ou se permanecia junto ao corpo querido. E me vi não mais o Luiz Sérgio espírito. Senti-me junto a outros companheiros, em fila, velando o corpo do irmão.

Lucas ali se encontrava, mãos cruzadas sobre o peito, não mais na sua casa nem no hospital, mas sim na "estação da morte". Muito bem vestido, a "Flamígera" cintilando, dava um colorido divino ao momento da partida. Das suas mãos partiam ondulações coloridas, isto é, fluidos como se apertando a mão de cada um dos presentes. Lucas ali estava, corpo e espírito sendo velados pelos amigos dos dois planos.

— Por que ele permanece velado como se estivesse "morto", já no plano espiritual? perguntei a Deleuze, intrigado.

Não sei se estou me fazendo compreender: Lucas estava sendo velado na terra e no mundo espiritual, com uma guarda de irmãos. O cântico era tão lindo que muitas vezes enxuguei meus olhos. Deleuze respondeu-me:

— Ora, todos sabem perfeitamente como é difícil abandonar hábitos arraigados em nós. O nosso irmão está sendo velado pelos seus companheiros.

— Não vejo a hora de abraçá-lo, estou contando os minutos! O nosso querido amigo estava sendo velado nos dois planos e as famílias física e espiritual se comportavam com muita dignidade.

— Que bom se todos desencarnassem assim, falou-me Patrice.

Quanta paz! As flores se misturavam no intercâmbio do amor e da fraternidade. E todas as Lojas entrelaçavam as auras num pranto de saudade.

O espírito de Lucas, em agradecimento, buscava a Deus e agradecido a Ele por sua passagem pela terra, dizia em prece:

Senhor, deste-me um corpo para servir-Te, hoje peço-Te perdão se o tempo o desgastou. Agradeço-Te por ter-me permitido saldar as minhas dívidas e reencontrar almas tão amadas. Agradeço-Te, meu Deus, pelas minhas vitórias, e se fracassos eu tive, não afetaram o amor por Ti e por todas as criaturas, eles foram mínimos diante do brilho da Tua estrela em minha vida. Vela, Senhor, pelos que ficaram, e ajuda-me a buscá-los sempre, mas com a consciência de que novos trabalhos aqui me esperam em novo e remoçado corpo. Quero, Senhor, seguir-Te nas verdades da vida, conquanto a morte fica distante quando no nosso coração a estrela de Davi, reluzindo verdades, faz-se farol à nossa frente, conduzindo-nos para o infinito. No Oriente Eterno quero buscar a fonte da vida celeste através do trabalho, como fiz quando encarnado, e já me dessedento. Dos meus lábios molhados quero que parta, em direção a todos, o meu muito obrigado. Eu amo vocês.

Nisso, os corpos saíram da capela. Um, para a quadra da saudade, o outro, para o jardim de Deus. Não sabia para onde me dirigir, quando uma energia maior juntou-me a outros irmãos, pois eu também estava vestido de acordo com o cortejo espiritual de Lucas. Dali partimos, levando o amigo nos braços até o Hospital de Maria. Lá ainda ficamos algumas horas, recebendo Lucas. Somente depois ele foi entregue aos médicos.

Cada um do seu cortejo carinhosamente o cumprimentou e foi emocionada a minha voz ao chegar minha vez! Novamente eu me vi criança, correndo para seus braços, pedindo socorro. Só que desta vez me olhou como se ele fosse um garoto, dizendo, assustado:

— Luiz, estou aqui, cuide de mim, sim? Vou precisar tanto da sua esperança!...

Nossas lágrimas se misturaram num aperto de mão e nossos corpos, hoje tão distantes dos corpos do passado, estremeceram de alegria por estarem novamente juntos.

— Meu grande amigo e mestre, seja bem-vindo à Pátria-Mãe. Espero que logo estejamos passeando pelas alamedas da paz.

Como de costume, colocou a sua outra mão por cima da minha, acariciando-me, e nos abraçamos com carinho. Ali estava o meu grande protetor.

— Luiz, vejo-me de volta à casa, a fim de meditar e orar. Preciso obter alguma luz sobre este momento, que me parece tão obscuro. Recordo do Senhor: "Os estultos e tardios de coração para crer tudo que anunciaram os profetas".

Eu não sabia nem como me dirigir a ele, tanta a minha emoção. Só pude dizer:

— Venha em paz, amigão!...

Ele me sorriu.

— Luiz, você até que remoçou, os anos não passaram para você? Nem posso dizer que não convive com a dor, pois, conhecedor do seu trabalho, sei como sofre junto aos desvalidos.

— Aqui o que conta são as virtudes e eu luto para conquistá-las. Para isso, vivo procurando trabalho.

Lucas sorriu, dizendo:

— Está bem, pode logo me arrumar emprego, não posso ficar parado, já descansei demais.

Quando o papo ia ficando animado, fomos cercados por parentes e amigos de Lucas aos quais ele sorria feliz, mas notei que algo o preocupava e informei, para tranqüilizá-lo:

— José e tia Rosa estão ótimos, dignos da sua escola de amor.

— É um momento decisivo para todos nós, ninguém pode fugir dele, entretanto, dói, e muito, deixar para trás o aconchego de um lar onde floriu o mais doce sentimento.

Nisso, abriram-se largamente, de par em par, as portas da Colônia e Lucas passou por elas ao som de arrebatadora música. Todas as hostes rodearam o recém-chegado, esperando vê-lo tomar assento na cadeira a ele reservada. Notei a branca toga do companheiro resplandescente de luz. Do seu peito partia uma luz azulada que se fundia ao ambiente florido. Fiquei ali mais alguns minutos, olhando para o alto. O triângulo da vida parecia dar as boas-vindas a Lucas que, ajoelhado, orou:

"Pai, aqui estou, tentando ultrapassar o portão da vida para cair nos Teus braços amorosos. Faze com que o meu despertar seja breve. Não sei se fui um deus do bem, da fé, da caridade. Deste-nos a escolha, tudo fiz para acertar, mas, conhecedor das minhas fraquezas, aqui estou ajoelhado, contrito, confiante de que serei amparado pela Tua bondade."

Falando assim, pôs-se de bruços no chão. Os cânticos e as luzes faziam a saudação ao nosso Lucas, que viveu na terra com a alma no céu, bom, amigo e justo, o grande irmão de todos, que deixou saudades na terra e trouxe para o mundo espiritual as lembranças dos que ficaram e sei que jamais deixará de orar por todos.

Lucas, deitado ali no chão com os braços abertos, era coberto com a imagem de Jesus crucificado. Olhando-o, tive a impressão de que a imagem da cruz descia sobre ele e logo Deleuze me esclareceu:

— Não, Sérgio, neste templo não há imagens, é o seu coração que almeja que o Irmão mais velho abrace o querido amigo. Você deseja ajudá-lo, mas só Jesus pode fazê-lo. Ele está guardado no cofre do reino e o Arquiteto do Universo irá pouco a pouco lhe oferecendo as sete chaves. Quando isso acontecer, ele, resplandescente, irá dizer: "Agnus Dei... rogai por nós para que sejamos dignos das vossas promessas". O inconsciente, que é o conjunto dos conscientes, irá clarear os fatos do ontem e do hoje, dando-lhe a real vida além vida e com carinho nós o receberemos para prestarmos ajuda ao próximo. Lucas não vai ficar parado.

— Isso eu sei, falei, aparando a lágrima de alegria por ter grandes amigos e um deles hoje eu recebo com amor e gratidão: o meu tio, amigo, irmão e mestre — Lucas.

Capítulo XXIII

A MARGARIDA DO MEU JARDIM

"Ah! meu irmão, sinto-me bem, ser-lhe-ei mais útil no céu do que na terra e é com contentamento que lhe venho anunciar a minha próxima entrada nessa cidade bem-aventurada".

Estas belas palavras ditas por Teresa de Lisieux se encaixam perfeitamente nos pensamentos da vovó Margarida. Ela cumpriu sua tarefa encarnatória tão bem que deixou o corpo físico somente porque as células se desgastaram. Nada mais foi acrescentado à sua ficha. Ela soube viver bem vividos seus noventa e quatro anos passados na terra; quanta dignidade em um ser! A princípio, guardei só para mim estas linhas; para que passar adiante? Muitos poderiam dizer: "Isso ele diz porque se trata da avó dele". Mas depois resolvi passar para os meus irmãos um pouco dos muitos exemplos que recebi de dona Margarida.

O Sol já declinava, o céu parecia agasalhá-lo em seus braços. Tudo era um imenso silêncio, só nós dois ali no quarto, eu e vovó. Ela cochilava e de vez em quando tentava abrir os olhos. Vendo-me, fechou-os rapidamente; não queria acordar, era o sonho com o neto desencarnado. Sorri com carinho, ou melhor, com um amor imenso. Senti o quanto a amava e lhe beijei as mãos. Ela sorriu e disse baixinho:

— É você, Luiz Sérgio? Nem vou contar para a Zilda o sonho que tive. Ela está preocupada com o Júlio e comigo.

— Vovó... — sussurei no seu ouvido.

Uma lágrima correu dos seus olhos, era a amarga lágrima da saudade. Retirei-me quando a equipe do doutor Albuquerque se aproximou.

— O que está acontecendo, Sérgio, por que a tristeza?

— Desculpe, irmão, é que me encontro entre a cruz e a espada: não vejo a hora de ter vovó ao meu lado e ao mesmo tempo sinto por aqueles que ainda permanecerão na terra, pela saudade que ela deixará.

— Sérgio, feliz a criatura que ao chegar a essa idade deixa uma lacuna entre seus amigos. Quantos, mais novos, só deixam cansaço e alívio!...

— Meu Deus, não concebo, doutor Albuquerque, que alguém não ame um ser tão seu, só porque já é velhinho ou se encontre doente.

— Mas você bem conhece, Sérgio, as histórias tristes contadas pelas pessoas que trabalham com idosos.

— É verdade, ainda vou escrever um livro sobre eles, esperando poder ajudá-los.

Confesso que me encontrava envergonhado diante da equipe do desencarne. Desde que soube que a vovó ia deixar o corpo físico, coloquei-me junto aos meus familiares para ajudá-los e sempre tive ao meu lado médicos e enfermeiros abnegados que muito fortaleceram minha mãe e a vovó. Olhei os meus amigos e pedi desculpas; mas eles estavam acima, muito acima do agradecimento, porquanto notei que nem sabiam por que eu estava pedindo desculpas. Nisso, doutor Albuquerque alertou-me:

— Sérgio, está chegando o momento e tudo está sendo preparado; será prudente o irmão sair um pouco e logo mais o chamaremos para recebê-la.

Baixei a cabeça e ganhei a rua. Fitava as pessoas, principalmente os jovens, e falei com Jesus: "Senhor, dai-lhes a certeza de que a vida é eterna; segurai, Senhor, as mãos dessas crianças, para que elas se fortaleçam cada vez mais e vençam a tormenta que as ameaça a cada dia. Não deixeis que a tentação cerre seus olhos antes do tempo; a perturbação de um espírito é profunda ferida na alma, difícil de ser aliviada. Ajudai as autoridades, os meios religiosos e as famílias para que todos, unidos, possam orar numa só sintonia a prece do amor ao próximo."

Andei pelo Rio de Janeiro e nem posso contar o que vi, assim anteciparei o meu próximo livro. Ao retornar à casa, tudo me pareceu normal. A equipe estava orando e outros dois médicos, Márcio Bittencourt e Chang[1], também assistiam vovó. Ela procurou a Zildinha e com alegria pensou: "que bom que vou parar de dar trabalho. Minha filhinha precisa descansar, está tão abatida!"

Papai sempre fazia brincadeiras com vovó, dizendo coisas que às vezes ela acreditava, deixando-a um pouco preocupada, mas depois achava graça. Contudo, esse dia era especial e a flor sentiu uma brisa mais forte balançar-lhe o corpo; o ar ficou diminuto e o espasmo se fez presente. Seu olhar buscou os filhos queridos. Eu, Luiz Sérgio, o neto desencarnado, segurei suas mãos não só com amor mas muito mais gratidão e respeito, pelo momento da sua mutação. O desespero dos filhos tentando lhe reter a alma durou poucos segundos, mas o espírito da vovó, num impulso divino, deixou a carcaça física e foi desligando-se suavemente da matéria. Mais parecia mansa onda beijando as areias da praia. Cerrei os olhos em prece. O momento era solene, ali caía o vestuário de carne, banhado por uma luz, e sua alma apareceu despida, descortinando-se diante da vovó todos os seus

1. Chang, personagem encontrada no livro "Chama Eterna", capítulo 33.

atos e seus desejos. As recordações de uma vida inteira desenrolaram-se diante de seus olhos. Na sua mansidão e humildade, rememorou todas as dificuldades passadas.

É nesse momento que o espírito sente a tortura do remorso por tudo o que deixou de fazer, o que não ocorreu com a vovó. Ela venceu na vida, pois só plantou amor e humildade. O quadro era belíssimo, uma música suave era ouvida por nós. No momento, quis consolar meus pais e meus tios, porém logo me reequilibrei, estava ali em serviço. Aí pude notar que os meus avôs Artur e Jucundino[2] ali se encontravam dando as boas-vindas à vovó. Ela, ainda perturbada, queria consolar os filhos, no entanto, ao perceber o marido e outros familiares desencarnados, foi logo perguntando:

— E o Luiz Sérgio, onde está?

Corri para abraçá-la e como a beijei com carinho! Vovô Artur segurou suas mãos. Tudo isso durou poucos segundos. Fomos convidados a deixá-la por alguns momentos com a equipe, que a transportou para uma cabine bem distante do corpo físico, onde adormeceu por breves minutos. Ao despertar, já se encontrava no quarto da casa transitória. Mesmo assim os seus fios magnéticos ainda estavam sendo desligados e às vezes ela captava a saudade dos familiares no plano físico. O vovô Jucundino me falou:

— Luiz, como você se sente, filho, tendo de receber sua avó e de narrar os fatos?

— Sinto-me o mais abençoado dos espíritos por ter a felicidade de pertencer a uma equipe que trabalha para Jesus. Apesar de ter pouco tempo na espiritualidade, pesa sobre os meus ombros a responsabilidade de enviar mensa-

---

2. Artur, avô materno, Jucundino, avô paterno.

gens de fé e esperança. Gostaria muitas vezes até de gritar para seu ouvido: "vamos, minha gente, viver o Evangelho de Jesus, buscar a fé, fazer dela o nosso escudo, dar esperança ao próximo, fazer da caridade exercício obrigatório para o crescimento do espírito; vamos livrar-nos do orgulho, esse mal terrível". O orgulho, vovô, é a lepra do espírito, ele é o pior inimigo do homem. Quem é humilde é rico em qualidades morais e seria bom que quem lesse os meus livros se inteirasse de que só a caridade cobre a multidão de pecados. E o homem orgulhoso não conhece a caridade.

Vovô Jucundino alisou-me o rosto e se afastou junto a outros irmãos que vieram dar as boas-vindas à vovó. Observei-a a conversar com o marido e percebi que os seus cabelos brancos a tornavam a mais bela e humilde margarida. Queria ser um beija-flor para beijá-la eternamente, mas o aprediz de Jesus tem de continuar estudando o nascer, o morrer e o renascer de novo; isso é tão necessário que ninguém tem o direito de parar para chorar. Vovô Artur me sorriu. Saí, devagar. Logo levaria vovó para minha casa, aguardando somente o seu restabelecimento, pois a doença a castigou bastante; para ela foi dolorido ficar dependente. Ainda olhei e a vi, toda feliz, a conversar com o chinês Chang. Márcio sorriu, falando-me:

— Ela está ótima, só sente ainda um pouco de falta de ar, logo ficará boa.

— Assim espero, não vejo a hora de levá-la para o país dos sonhos, a alameda da paz, à minha casinha toda florida de miosótis e rosas, camélias e hortências, onde as madressilvas sempre perfumadas me desejam muita paz. Sei que ela vai estranhar um pouco, mas tenho fé de que as lágrimas da Zildinha formarão uma nuvem de esperança em nossos caminhos. Então nós voaremos, graças à bondade divina, até o jardim de esperanças e juntos trabalharemos por uma Terra mais irmã, onde ninguém está sozinho, pois Jesus está sempre fortalecendo Seus lírios para que não se contaminem com as impurezas do chão, a fim de que na hora de serem colhidos não deixem na terra qualquer raiz de sofrimento e dor.

Saí, cantando esta canção:

Seja bem-vinda ao lar de Jesus,
Seja bem-vinda ao lar de Jesus.
Ele lhe espera agora
Por favor, não demore não.
Não queira, não queira, não
Apegar-se ao que não é mais seu.
Venha comigo, segure minha mão,
Só aqui reina a paz.

o O o

Neste livro convivi com o desencarne e presenciei muitos espíritas temendo o mundo espiritual por completo desconhecimento da vida, isto é, dos valores do espírito. Na terra não só ficam os corpos como tudo o que os serviu — os bens materiais. A Doutrina Espírita deve ensinar a nos acostumarmos sem eles. O espírita avaro é uma figueira estéril; ele chegou à Doutrina, saboreou os seus esclarecimentos mas os guardou no cofre do egoísmo. Doutrina Espírita não é mediunismo, é luz na estrada dos cegos da matéria.

Se os Centros Espíritas não orientarem o homem a ser bom, terão somente fenômenos, como na época de Moisés, e não devemos esquecer-nos de que estamos em uma era onde já tivemos Moisés, Jesus e Kardec. Como ainda desconhecer as verdades espirituais?

Quem desejar continuar cego, só à procura dos fenômenos, corre o risco de ser um eterno "morto", então a Doutrina não o tornou melhor. E ainda mais se ele tornar-se conhecido em um Centro espírita, continuando vaidoso, ou melhor, um doutor da lei, nada acrescentando de bom em sua vida.

Quando Jesus levou os apóstolos até o Tabor para a primeira reunião espírita disciplinada, não os vimos contorcendo-se nem dando gritos estridentes. Ali, no Tabor, manifestou-se a mediunidade com Jesus, silenciosa e disciplinada. Por que dirigentes espíritas não respeitam aqueles que não possuem mediunidade de psicofonia e de vidência? Eles não podem ser marginalizados por pessoas sem conhecimento doutrinário.

A Doutrina não foi feita para criar médiuns, os médiuns é que encontram na Doutrina o caminho da renovação. O Centro Espírita que desrespeita um médium doador desconhece a pureza doutrinária, que nos manda rejeitar nove verdades a aceitar uma só mentira, e ela está presente nos grupos onde um dirigente força um irmão a incorporar, quando ele não possui mediunidade de incorporação.

Os Centros são pronto-socorros de Jesus e não tribunas de advogados exibicionistas. Um bom Centro Espírita é aquele que torna o homem bom para não dar trabalho na espiritualidade, principalmente na hora da sua podação.

O bom espírita é como o lírio: adormece para acordar na espiritualidade. É o lírio que, colhido por Jesus, deixará no pântano saudade, mas levará a certeza do dever cumprido.

Um abraço carinhoso desse lírio que Jesus perfumou com o Seu Evangelho de amor, humildade e paz. E para me tornar bom preciso da prece e do respeito de todos vocês.

Luiz Sérgio

Nesta 23ª obra, Luiz Sérgio adentra mais uma vez o terrível mundo das drogas, retorna à Colônia dos Miosótis e traz até seus leitores esclarecedoras noções sobre o comportamento da juventude, a preocupação da Espiritualidade com a Ecologia e muitos outros fascinantes assuntos.

Este volume, de leitura valiosa para todos aqueles que adentram a Doutrina Espírita, reúne histórias da profícua mediunidade de Irene Pacheco Machado, suas experiências na longa estrada da mediunidade e das coisas espirituais. É um livro repleto de lições das mais pura moral evangélica, contendo profundos ensinamentos sobre educação mediúnica.

Esta obra relata capítulo por capítulo de *O Evangelho Segundo o Espiritismo*, lições ministradas por dois Espíritos abnegados a um grupo de almas que desconheciam o Cristo amigo. É um livro para todos aqueles que gostam de estudar e compreender *O Evangelho Segundo o Espiritismo*, caminho que nos conduz ao Mestre.

Obras do Espírito Luiz Sérgio

O mundo que eu encontrei – Psicografado por Alaíde de Assunção e Silva
Novas Mensagens – Psicografado por Alaíde de Assunção e Silva
Intercâmbio – Psicografado por Alaíde de A. e Silva e Lúcia M. S. Pinto
Na esperança de uma nova vida – Psicografado por Irene Pacheco Machado
Ninguém está sozinho – Psicografado por Irene Pacheco Machado
Os miosótis voltam a florir – Psicografado por Irene Pacheco Machado
O vôo mais alto – Psicografado por Irene Pacheco Machado
Um jardim de esperanças – Psicografado por Irene Pacheco Machado
Mãos estendidas – Psicografado por Irene Pacheco Machado
Consciência – Psicografado por Irene Pacheco Machado
Chama eterna – Psicografado por Irene Pacheco Machado
Lírios colhidos – Psicografado por Irene Pacheco Machado
Driblando a dor – Psicografado por Irene Pacheco Machado
Deixe-me viver – Psicografado por Irene Pacheco Machado
Dois mundos tão meus – Psicografado por Irene Pacheco Machado
Cascata de luz – Psicografado por Irene Pacheco Machado
Na hora do adeus – Psicografado por Irene Pacheco Machado
Universo de amor – Psicografado por Irene Pacheco Machado
Amigo e Mestre – Psicografado por Irene Pacheco Machado
Ensina-me a falar de amor – Psicografado por Irene Pacheco Machado
Mais além do meu olhar – Psicografado por Irene Pacheco Machado
Eu Te busco – Psicografado por Irene Pacheco Machado
Cabana de Sonhos – Psicografado por Irene Pacheco Machado

Obras de autores diversos psicografadas por IRENE PACHECO MACHADO

Reflexões de Jacó – Pelo Espírito Jacó
Nós amamos você – Por Espíritos diversos
Reflexões de Jacó II – Pelo Espírito Jacó
Alicerce da Fé – Pelos Espíritos Lázaro José e João Batista
Sonhos & Realidades – Pelo Espírito Jacó
Uma rosa em meu caminho – Pelo Espírito Rosália
Corações amigos – Por Espíritos diversos
Cântico de paz – Pelo Espírito Jacó
As flores também choram – Pelo Espírito Jacó
O Gênesis – Pelo Esp. Cecília (Série *A Bíblia na Linguagem Espírita* — V. 1)
Êxodo – Pelo Esp. Cecília (Série *A Bíblia na Linguagem Espírita* — V. 2)
Levítico – Pelo Esp. Cecília (Série *A Bíblia na Linguagem Espírita* — V. 3)
Números – Pelo Esp. Cecília (Série *A Bíblia na Linguagem Espírita* — V. 4)
Deuteronômio – Pelo Esp. Cecília (Série *A Bíblia na Linguagem Espírita* — V. 5)

Josué, Juízes, Rute – Pelo Esp. Cecília (Série *A Bíblia na Ling. Espírita* — Vol. 6)
Livro de Samuel – Pelo Esp. Cecília (Série *A Bíblia na Ling. Espírita* — Vol. 7)
Reis, Crônicas – Pelo Esp. Cecília (Série *A Bíblia na Ling. Espírita* — Vol. 8)
Esdras, Neemias – Pelo Esp. Cecília (Série *A Bíblia na Ling. Espírita* — Vol. 9)
Tobias – Pelo Esp. Cecília (Série *A Bíblia na Linguagem Espírita* — Vol. 10)
Judite, Ester – Pelo Esp. Cecília (Série *A Bíblia na Linguagem Espírita* — Vol. 11)
Macabeus – Pelo Esp. Cecília (Série *A Bíblia na Linguagem Espírita* — Vol. 12)
Livro de Jó – Pelo Esp. Cecília (Série *A Bíblia na Linguagem Espírita* — Vol. 13)

Obras de autores diversos

O Barco de Maria — Mauricio Maia Soutinho
Conquista do Reino — João J. Moutinho
A Longa Estrada — Mauricio Maia Soutinho e Jab Sousa Silveira

ATENDEMOS PEDIDOS PELO REEMBOLSO POSTAL
ATRAVÉS DO SEGUINTE ENDEREÇO:
Livraria e Editora Recanto
Caixa Postal 03732
70084-970 Brasília DF — Brasil
e-mail: rema@rema.org.br   www.rema.org.br